高效推进知识产权强国战略丛书

专利代理与服务

国家知识产权局专利局专利审查协作广东中心◎组织编写

王　舟◎编

知识产权出版社

全国百佳图书出版单位

—北京—

图书在版编目（CIP）数据

专利代理与服务/王舟编. —北京：知识产权出版社，2022.1

ISBN 978 - 7 - 5130 - 7901 - 3

Ⅰ.①专… Ⅱ.①王… Ⅲ.①专利—代理（法律）—中国 Ⅳ.①D923.42

中国版本图书馆 CIP 数据核字（2021）第 241398 号

内容提要

本书着重从专利审查的角度结合具体案例，探讨专利代理各环节的技巧和注意事项。同时，介绍了国家知识产权局开展的旨在提升专利各环节质量的相关工作，以期帮助读者了解国家知识产权局的质量管理思路。希冀从审查看代理这一视角，能提高本书对专利代理从业人员实际工作的参考价值。期待专利审查和专利代理形成合力，共同助力知识产权强国建设。

责任编辑：李 潇 刘晓琳 　　　　　　责任校对：王 岩

封面设计：杨杨工作室·张 冀 　　　　　　责任印制：刘译文

专利代理与服务

国家知识产权局专利局专利审查协作广东中心　组织编写

王 舟 编

出版发行：知识产权出版社 有限责任公司	网　址：http://www.ipph.cn
社　址：北京市海淀区气象路 50 号院	邮　编：100081
责编电话：010 - 82000860 转 8133	责编邮箱：3275882@qq.com
发行电话：010 - 82000860 转 8101/8102	发行传真：010 - 82000893/82005070/82000270
印　刷：三河市国英印务有限公司	经　销：各大网上书店、新华书店及相关专业书店
开　本：787mm×1092mm 1/16	印　张：10.75
版　次：2022 年 1 月第 1 版	印　次：2022 年 1 月第 1 次印刷
字　数：165 千字	定　价：79.00 元

ISBN 978 - 7 - 5130 - 7901 - 3

高效推进知识产权强国战略丛书
编委会

主　任：董　玿

副主任：邱绛雯　郭震宇

主　编：曲新兴

编　委：郭晓勇　孙孟相　刘　娜　罗德明　杨隆鑫　刘宏伟

　　　　梁振方　李慜乐　张威浩　王　舟　李冠琼　武　剑

　　　　李　冲　张智禹　陈　栋　陈　艺

《专利代理与服务》分册

编写组成员：王　舟

审稿人员：曲新兴

总　序

在我国进入新发展阶段的时代背景下，知识产权作为国家发展战略性资源和国际竞争力核心要素的作用更加凸显。2018 年 4 月 10 日，国家主席习近平出席博鳌亚洲论坛 2018 年年会开幕式并发表主旨演讲，强调加强知识产权保护是完善产权保护制度最重要的内容，也是提高中国经济竞争力最大的激励。2020 年 11 月 30 日，习近平总书记在十九届中央政治局第二十五次集体学习时指出，知识产权保护工作关系国家治理体系和治理能力现代化，关系高质量发展，关系人民生活幸福，关系国家对外开放大局，关系国家安全。

我国的知识产权事业经过多年发展已经取得了长足进步，特别是党的十八大以来更是加速发展，日新月异，成绩喜人，但总体而言，如习近平总书记所指出，我国正在从知识产权引进大国向知识产权创造大国转变，知识产权工作正从追求数量向提高质量转变。新时代迫切需要大作为，以早日实现上述两个转变。

中共中央、国务院在 2021 年 9 月印发的《知识产权强国建设纲要（2021—2035 年）》（以下简称《纲要》），是以习近平同志为核心的党中央面向知识产权事业未来十五年发展作出的重大顶层设计，是新时代建设知识产权强国的宏伟蓝图，是我国知识产权事业发展的重大里程碑。建设知识产权强国是建设社会主义现代化强国的必然要求，是推进国家治理体系和治理能力现代化的内在需要，是推动高质量发展的迫切需要，是推动构建新发展格局的重要支撑。《纲要》明确了 6 个方面 18 项重点任务，其中将开发一批知识产权精品课程，开展干部知识产权学习教育作为"营造更加开放、更加积极、更有活力的知识产权人才发展环境"的重要一环。

国家知识产权局专利局专利审查协作广东中心（以下简称"审协广东中心"）是经中央编办批复，于 2011 年 9 月成立的具有独立法人资格的公益二类事业单位，隶属国家知识产权局专利局。受国家知识产权局专利局委托，审协广东中心主要履行发明专利审查和知识产权服务两大职能。成立以来，审协广东中心人员队伍不断壮大，现有员工近 2 000 名，审查员中研究生以上学历占比 90% 以上，已形成一支覆盖机械、电学、通信、医药、化学、光电、材料等各个专业技术领域的高素质人才队伍，为高质量专利审查和高水平创新服务提供了坚实的人才保障。截至 2021 年 10 月，审协广东中心秉持"保护创新，让创造更具价值"的使命和"开放、包容、务实、创新"的理念，累计完成了超过 120 万标准件发明专利的实质审查。2021 年的年审查量占全国的六分之一左右，成为我国专利审查事业的一支依靠力量。此外，审协广东中心按照"立足广州、辐射华南、示范全国"的思路和追求积极开展知识产权服务工作，包括战略新兴产业导航预警、分类检测、重大项目咨询、助力科技攻关和"卡脖子"技术突破、知识产权培训等多方面知识产权服务，累计已完成数百个项目，取得丰硕成果和良好的社会效益。十年来，审协广东中心在知识产权服务方面已在华南地区乃至全国具有较大影响力。

作为规模和能力已经凸显的国家专利审查和知识产权综合性服务机构，审协广东中心有责任利用自身优势和资源在做好发明专利实质审查的同时服务区域经济，依托十年来结晶而成的智慧和经验开发一批知识产权精品课程，以利开展知识产权学习教育，增强全社会在新形势下做好知识产权工作的能力，为构建新发展格局做出有益贡献。

为此，审协广东中心遴选优秀的工作人员成立"高效推进知识产权强国战略"丛书专项工作组，并组成由中心领导班子成员牵头的编委会。工作组成员均具有较高的理论修养、丰富的实践经验以及贡献自身智慧和经验的热情，有的成员还是丛书中相关成功案例的直接参与者和重要贡献者。同时，各分册的内容均按照撰写加审稿的模式进行双重把关，以保障书籍内容的正确性和可靠性。该套丛书集审协广东中心智慧，按照"注重实效、重点突出、开阔思路、全球眼光"的原则，历时一年多，精心编撰而成。

在全国上下深入贯彻落实《纲要》的总体要求和重要部署的背景下，审协广东中心组织编写本套丛书可谓正当其时。丛书包括十个分册，分别从知识产权政策、高价值专利创造与培育、专利申请与布局、专利代理与服务、专利审查实践与专利权获取、专利文献检索、专利导航与预警分析、专利运营、专利技术转化和运用案例、知识产权保护与维权等方面对知识产权的创造、运用、保护、管理和服务等重要链条结合相关工作的最新进展进行了充分阐述，回答了如何培育高价值专利、如何对创新成果进行布局、如何从审查角度看专利代理、如何把握专利审查标准、如何进行专利文献检索、如何在产业上提前导航和预警、如何对成果进行运营和转换、如何护航创新主体"走出去"等重要问题。

本套丛书具有如下特点。一是坚持问题导向，丛书结合业界目前存在的不足给出有针对性的解决方案。二是坚持全面性原则，十个分册从不同方面涵盖了知识产权的创造、运用、保护、管理和服务等从创新到保护的全链条。三是坚持实用性原则，丛书紧扣实际案例，强化可参考性。四是坚持时效性原则，丛书将知识产权工作的最新进展纳入进来，以利于业界了解知识产权发展的最新动态。

本套丛书有助于全社会充分了解和认识知识产权在新时期的重要价值，有助于科技攻关、创新护航、政府管理和企业赋能，有助于进一步推进知识产权强国建设。期望本套丛书的出版能为来自政府、高等院校、研究机构、创新主体、知识产权服务机构等的管理、研究和从业人员提供有力参考，使得审协广东中心和业界共同谱写我国知识产权工作的辉煌新篇章。

在丛书编写过程中，工作组得到了国家知识产权局领导的热情鼓励，审协广东中心领导的大力支持和专项工作组同事的齐心付出是丛书得以问世的重要保障。知识产权出版社编辑同志精益求精的工作作风和严格把关的质量意识推动了丛书的高质量出版，在此一并表示衷心的感谢。

前　言

专利代理是我国专利制度的重要环节，专利代理质量决定申请人是否能够获得保护范围清晰适当、权利稳定的专利权，进而影响到后续专利权的运用和保护。因此，专利代理从业人员应当不断提升个人的业务水平，从而促进我国专利代理行业水平的不断提升。

审协广东中心作为隶属于国家知识产权局专利局、年审结发明专利申请逾20万件的事业单位，有责任和义务向广大专利代理从业人员推广中心在开展审查工作过程中总结梳理的关于申请文件撰写、答复审查意见等方面的经验，从而为促进国家专利质量整体提升贡献力量。

本书主要目的在于从发明专利实质审查的角度出发，结合审协广东中心在审查实践中的典型案例，向读者介绍申请文件撰写、答复审查意见等专利代理相关工作的技巧和注意事项，同时向读者介绍国家知识产权局为提升专利审查质量和专利代理质量采取的具体措施。

本书共包括五章。第一章主要介绍专利代理的基本概念，包括专利代理的业务范围并简单介绍我国专利代理制度的建立和发展。第二章介绍代理发明专利申请过程中，专利代理应当开展的相关工作，并结合实质审查中的实际案例进行补充说明，此外还介绍了国家知识产权局的社会反馈管理机制。第三章介绍代理PCT国际申请的相关事项。第四章介绍复审程序中专利代理的相关工作，并结合实际案例进行补充说明。第五章介绍专利代理的执业规范和职业道德，并介绍了在国家知识产权局制定的专利质量提升工程中专利代理质量提升工程的相关进展。

希望本书能够帮助读者从不同的角度加深对专利代理工作的认识，并促进读者的业务水平提升。同时也希望读者能够通过本书进一步了解国家知识产权局为提升专利质量开展的相关工作及其意义，从而与国家知识产权局一起推动我国专利质量进一步发展，从而加快创新型国家的建设速度。

最后，由于编者水平和经验有限，书中内容难免存在疏漏之处，敬请读者批评指正。

目　录

第一章

专利代理概述

第一节　专利代理

专利制度是利用专利法律和经济的手段确认发明人对其发明享有专有权，进而保护和鼓励发明创造并推动技术进步和经济发展的国际通行制度。

自1985年4月1日正式施行《中华人民共和国专利法》（以下简称《专利法》）和《中华人民共和国专利法实施细则》（以下简称《专利法实施细则》）起，至今已30余年，我国专利制度不断完善和发展，为国家技术创新提供了有力的法律保障；同时，国民对专利制度重要性的认识也越来越深刻，逐渐认识到利用专利制度保护发明人权益的重要性。

随着社会的不断发展和社会分工的不断细化，公民往往无法在从事其主营业务的前提下兼顾其他业务。对于专利而言，其涉及技术、法律等领域。除对技术的相关要求外，申请人还需要了解相关法律对专利申请以及审查流程的具体规定；但上述规定较为繁杂，对于申请人和发明人而言往往难以熟练掌握，若申请人和发明人自行进行专利申请，可能导致无法有效保护申请人利益的情况发生[1]。在这样的前提下，专利代理制度成为专利制度的重要补充，其主要指具备相应技术理论基础和法律知识的人员针对委托人提供的相关资料开展相关工作，协助申请人和发明人开展专利申请相关工作。

本节内容主要介绍专利代理的基础知识和概念，以帮助读者对专利代理行业形成较为直观的印象。

---

① 吴观乐. 专利代理实务［M］. 3 版. 北京：知识产权出版社，2015：9.

一、专利代理的概念和特征

在我国，根据《中华人民共和国民法典》① 的规定，允许公民通过代理人实施民事法律行为，专利代理是指在专利领域代替申请人执行申请撰写、流程处理、审查意见答复等涉及专利相关事务的代理行为。

由于专利代理首先属于民法范畴内的代理行为，因此专利代理具有民法范畴内代理行为共性的特征；但由于专利行业同时兼具其技术特性和法律特性，专利代理相对于其他代理行为具有其相应的特点。

专利代理是一种委托代理，是指专利代理机构受一方当事人的委托，委派具有相应资格的、在国家知识产权局正式授权的、在专利代理机构中工作的人员作为委托代理人，在委托权限内以委托人的名义，按照专利法的规定向专利局办理专利申请或其他专利事务所进行的民事法律行为②。由于专利代理的委托性质，受委托人的各种行为均相当于委托人亲自实施，因此相关手段导致的后果均由委托人承担。

基于上述原因，受托人应当在实施专利代理相关工作时根据委托人的倾向性意见处理代理事务，应尽可能促使相关事务向委托人期望的方向发展，并且避免自作主张采取其他方案解决问题。

但是，正如前文所提到的，专利制度本身涉及技术和法律，对于委托人而言，可能对相关法律规定不够了解；那么专利代理受托人在实施代理事务时，应当充分利用自身掌握的法律知识，针对委托人的诉求提出合理、可预期结果的建议实施方式，供委托人决策，帮助委托人争取最有利的结果。

二、专利代理的业务范围

随着专利制度的不断发展，专利代理业务本身也已不再局限于其问世

① 吴观乐. 专利代理实务 ［M］. 3 版. 北京：知识产权出版社，2015：9.
② 尹新天. 中国专利法详解 ［M］. 缩编版. 北京：知识产权出版社，2012：158 - 161.

初期的协助申请人进行专利申请等类型的工作，而是已经逐渐覆盖了专利保护全链条。本书主要介绍发明专利代理工作中涉及的代办专利申请、审批及专利授权后的相关事务，以及专利咨询等方面的相关工作内容。

1. 代办专利申请、审批及专利授权后的相关事务

如前所述，代办专利申请、审批及专利授权后的相关事务是专利代理制度产生的最基础目的，也是专利代理的核心工作。根据专利申请所处的不同阶段，该项事务大致可分为专利申请文件的撰写及提交、专利申请审查期间的代理事务和专利授权后的代理事务。

（1）专利申请文件的撰写及提交。

作为申请人，申请专利的目的在于希望其发明成果能够得到法律的保护。而其发明成果是否能够得到法律的保护，除了成果本身应当具有一定的价值外，《专利法》及《专利法实施细则》对申请文件的质量也提出了相当高的要求，以确保申请人的发明创造能够促进社会技术进步。但是由于专利制度的专业性，若由申请人自行实施专利申请文件的撰写工作，往往出现最终提交的申请文件质量不高而无法获得合理的保护范围，甚至可能导致较高技术水平的发明无法获得授权。

上述情况在当前的审查实践中屡见不鲜，现举例说明。

[案例1] *

[案情] 某案，根据申请人申请日提交的申请文件，其主要解决的技术问题是改善现有发泡聚丙烯熔体强度不足、发泡材料泡孔不均导致的发泡聚丙烯强度不足的问题。其解决该技术问题的主要手段是对传统的聚丙烯树脂材料进行交联处理，通过双螺杆挤出工艺制备出高熔体强度聚丙烯，然后在超临界条件下，通过充入物理发泡剂（高压气体），控制压力、气体充入量、温度、保压时间、释压方式及降温方式等条件，将高熔体强度聚丙烯、聚丙烯原材料树脂及助剂在高压自控反应釜内反应，最终得到预发泡聚丙烯材料。由此可见，为解决该申请提出的技术问题，具体的工

---

* 本书全部案例来源于国家知识产权局专利局专利审查协作广东中心的审查实践，下同。

艺条件是必不可少的要素，相关要素应当作为技术特征体现在权利要求技术方案中，将其与现有技术区分开。

但是，在其申请日提交的权利要求书中，并未对方法权利要求的各项工艺条件进行限定，仅仅限定了通过该方法制备得到的材料具有的性能。专利的保护范围由权利要求书确定，权利要求书也是判定他人是否侵权的依据，因此权利要求书是发明专利实质审查环节判断专利是否能够获得授权的重点评判对象。在该案的审查过程中，审查员针对权利要求的技术方案进行了检索，由于该权利要求并未限定具体的工艺，而发泡聚丙烯材料均具有该申请文件中强调的性能，审查员仅需检索到采用相同原理制备的发泡聚丙烯即可评述该权利要求的创造性。同时，由于申请人在答复审查意见时未对专利申请文件进行修改，仅仅陈述了其具备创造性的理由，该案最终被审查员驳回。

然而，根据该案说明书的记载，其说明书制备的发泡聚丙烯材料的具体工艺相对于审查员引用的对比文件的工艺存在较大的区别，由于化学领域的不可预见性，本领域技术人员无法预见审查员引用的对比文件公开的制备方法制备得到的发泡聚丙烯材料是否与该申请制备方法制备得到的发泡聚丙烯材料具有类似的作用。

[解析] 若申请人在撰写申请文件时使用相关工艺方法对权利要求做进一步限定，审查员使用的对比文件将无法评述该案权利要求的创造性；同时，申请人由于对专利审查制度不了解，在审查过程中又错过了对申请文件进行修改的时机，最终导致具备授权前景的专利申请被驳回。

通过前述所举案例可以看出，作为兼具技术背景和相关法律知识的专利代理从业人员，协助申请人高质量完成申请文件的撰写以及相关流程工作是其工作的重要内容之一。作为专利代理从业人员，首先应当根据委托人提供的技术交底资料以及其需求合理判断最合适的申请专利的类型，并提出合理建议；在确定了申请专利的类型后，专利代理从业人员应当依据委托人提供的技术交底资料，结合相关法律知识，将技术交底资料转变为符合要求的申请文件。

当前，在我国申请发明专利的途径主要包括：国内申请人向国家知识产权局提交申请文件、国外申请人依据《保护工业产权巴黎公约》（以下简称《巴黎公约》）向国家知识产权局提交申请文件、申请人的国际申请依据《专利合作条约》（PCT）进入中国国家阶段、国内申请人向国外提交申请专利文件。其中，前三种申请途径的申请文件须满足我国《专利法》及《专利法实施细则》的规定，第四种途径的申请文件则须满足其他国家专利法或PCT的规定（关于PCT申请的内容，将在本书的第三章中介绍）。

因此，作为我国专利代理从业人员，首先要熟悉我国专利法及其实施细则的相关规定；其次应当能够利用现有的检索技术发现委托人提供的资料存在的问题，并与委托人进行充分沟通，完成申请文件的撰写工作。对于从事代理国外申请人向中国国家知识产权局提交申请文件或进入中国国家阶段申请的从业人员，除要了解我国专利法和实施细则的相关规定外，还应当具备较高的外语水平，能够准确地将外文资料翻译为中文。

在完成申请文件撰写后，专利代理从业人员应当协助委托人向国家知识产权局提交申请文件以确定申请日。

（2）专利申请审查期间的代理事务。

向国家知识产权局提交发明专利申请后，主要涉及的代理事务主要包括以下几类。

1）专利申请相关事务。

专利申请相关事务包括提出实质审查请求、相关资料的补交，以及涉及专利申请及审查的相关费用的缴纳等内容。

对于上述事务，专利代理从业人员主要依据我国《专利法》《专利法实施细则》的规定，以及受委托的实际事务情况处理相应的专利申请事务。此外，我国《专利法》《专利法实施细则》《专利审查指南》中，对专利申请流程中各类文件的提交时间均有严格规定，专利代理从业人员应当全程监控各项工作的时间期限，避免因延误期限给委托人带来无法挽回的损失。

2）涉及专利实质审查的相关事务。

涉及专利实质审查的相关事务主要包括：对申请文件的修改、对审查意见进行答复，以及对驳回决定提出复审请求。

① 对申请文件的修改。对申请文件的修改包括主动对申请文件进行修改和根据审查意见对申请文件进行修改两种类型。

主动修改是指在申请过程中根据委托人的需求（例如发现申请文件错误等）主动对申请文件进行修改，这种修改可能有利于提升审查效率。但是，应当注意，发明专利申请的主动修改时机应该满足《专利法实施细则》第五十一条的要求，同时，修改应当符合《专利法》第三十三条的规定。

根据审查意见对申请文件进行修改，是指经审查发现申请文件存在缺陷导致无法获得专利权时，对申请文件进行针对性地修改以确保专利申请符合《专利法》及《专利法实施细则》的要求，从而获得授权。当然，根据审查意见对申请文件进行修改也应当符合《专利法》第三十三条的规定。

② 对审查意见进行答复。前文已经提到，在审查过程中可能需要根据审查意见对申请文件进行修改，以确保发明专利申请获得授权。在专利申请审查过程中，针对国家知识产权局发出的审查意见通知书，除对申请文件进行修改外，通常还应提交意见陈述书，对申请文件为何符合授权条件予以说明。此项工作是代理工作中较为重要的事务工作，答复质量直接关系到申请是否能够获得授权，同时也影响申请人最终获得专利权的保护范围和权利的稳定。

③ 对驳回决定提出复审请求。根据《专利法》的规定，申请人对于国家知识产权局发出的驳回决定不服的，可以提出复审请求。复审程序是针对驳回决定设置的救济程序，是为了避免因审查员对法律条款和技术内容不够了解导致的不当驳回给申请人带来无法挽回的损失。

因此，当委托人的专利申请被驳回后，代理机构应当向委托人转达驳回决定的内容并提出相应的建议供委托人参考；若委托人决定请求复审，则代理机构应当针对驳回决定指出的理由和事实提出针对性答复并提供相应证据，必要时应进一步对申请文件进行修改。若复审决定的意见是撤销驳回决定，代理机构同时还应准备对后续由原审查部门发出的审查意见通知书进行答复；若复审决定的意见是维持驳回决定，代理机构应当与委托人沟通分析是否需要准备后续的诉讼程序。

（3）专利授权后的代理事务。

专利申请获得授权后，相关的代理事务主要包括相关费用缴纳和专利无效程序的代理事务等。

1）相关费用缴纳。

此处的费用主要是指专利年费的缴纳。年费缴纳是维持专利权有效的前提，专利代理机构应当重视专利授权后的费用缴纳及相关期限的监视工作，以确保委托人能如期获得相关权利。

2）专利无效程序的代理事务。

根据《专利法》的规定，专利申请获得授权后，任何单位或个人如认为该获得授权的专利不符合相关规定，均可请求宣告该专利权无效。

无论是对于无效请求方还是专利权方，处理无效请求的工作都涉及大量的技术搜集、证据有效性判断等法律性问题，对当事人而言具有相当的难度。因此，通常情况下，针对专利无效请求的相关事务，当事人往往都选择委托专利代理机构负责处理相关事宜。

作为无效宣告请求方的代理机构，主要负责的事务包括了解案件详情并根据委托人的需求确定无效请求策略；分析委托人提供的证据和准备使用的无效理由，判断当前证据和理由是否能够达到预期效果，若当前的证据可能无法取得较好的效果时，还需要进行补充检索等工作，以进一步完善无效证据和理由；完成上述工作后，代理机构则须准备无效宣告请求的相关文件，并向复审和无效审理部提交。

作为专利权方的代理机构，主要工作在于分析无效请求，核实无效请求的理由是否属于《专利法实施细则》规定的无效理由并分析无效理由和无效请求人提出的证据之间的关联性，在相关工作的基础上与委托人商讨答复策略并针对无效请求撰写意见陈述书提交给复审和无效审理部。

3）其他代理事务。

除上述事务外，专利获得授权后的代理事务还可能包括专利行政诉讼代理事务、专利侵权诉讼的代理事务等法律事务，此部分内容在本书中不展开论述。

2. 专利咨询

前文已经介绍过，由于专利申请相关工作专业性强而产生了专利代理行业，随着专利制度的不断发展，专利代理已经逐渐渗透到专利业务中的方方面面。正因为如此，专利代理行业的工作范围也逐渐从单一负责处理专利申请相关事务拓展到为客户提供专利信息查询、专利保护建议等涉及专利咨询的更为繁杂的专利相关服务①。

本书内容主要以发明专利申请的代理为主，在此简单介绍相关咨询服务的工作内容。

（1）专利咨询服务概述。

专利咨询服务是指，具有丰富专利工作经验和造诣的人员或机构针对委托人提出的需求，对相关专利事务目标进行分析和研究并提出相应解决方案的顾问服务行为。总体上，专利咨询服务和专利代理服务都是代理机构受委托人委托解决相关事宜的行为，其中专利代理服务中代理机构的所有工作均得到委托人的授权，其带来的法律后果也由委托人承担；但专利咨询服务则是代理机构根据委托人的需求提出建议的解决方式以供委托人决策。专利咨询服务本身并不直接产生法律后果②。

专利咨询主要包括信息咨询、获权咨询、攻防咨询、交易咨询和管理咨询等类别的咨询工作。

（2）信息咨询。

专利信息是企业专利工作的基础，同领域专利状况直接影响到企业的研发方向和资本运作等方面事务的开展，甚至可能影响企业的生死存亡。因此，对于专利信息的获取和分析是生产和研发企业经常需要的服务。

信息咨询主要包括专利检索服务、专利分析服务等项目。专利检索服务是指专利代理机构通过各种专利数据库对委托人关心的领域进行检索，帮助委托人了解所处领域的专利状况的服务；而专利分析服务则是在专利检索服务的基础上对相关专利信息做进一步分析，为委托人后续的研发、专利申请方向等事务提供决策依据③。

（3）获权咨询。

获权咨询是指专利代理机构为委托人提供如何有效获得专利权的咨询服务，获权咨询服务的类型包括专利挖掘、申请决策咨询、专利布局策划等。

① 谢顺星. 专利咨询服务 [M]. 北京：知识产权出版社，2013：4.
② 谢顺星. 专利咨询服务 [M]. 北京：知识产权出版社，2013：4.
③ 谢顺星. 专利咨询服务 [M]. 北京：知识产权出版社，2013：14－15.

专利挖掘是指专利代理机构根据委托人的研发项目，对相关技术进行剖析、拆分、筛选等工作并明确技术创新点和专利申请技术方案的过程。申请决策咨询则是专利代理机构根据委托人的项目实际情况，给出是否申请专利、申请何种专利，以及在哪些国家和地区申请专利等相关事项的建议。专利布局策划是充分利用专利检索和专利分析的结果，根据相关结果指导委托人开展研发工作并对一系列研发进行组织和规划，确保系列专利申请能够具有合适的广度和深度，以最大限度保护委托人的利益①。

（4）攻防咨询。

当下，知识产权成为企业生存和发展的重要手段，而专利又是知识产权中最有力的保护形式，因此，企业在实际的生产经营过程中往往需要利用专利进行攻击和防御，以提升企业的竞争力。此类咨询主要涉及专利预警、侵权风险分析，以及权利稳定性分析等。

专利预警服务是指代理机构对可能发生的专利风险提前发布警告，从而帮助委托人规避相应风险以减少损失的服务工作。侵权风险分析则主要是根据企业的生产经营范围判断其与相关专利之间的差异并给出是否存在侵权风险的意见。权利稳定性分析是指专利代理机构针对委托人的某一项（或多项）专利，对专利无效宣告程序中被宣告无效的可能性的大小进行判断的服务过程②。

（5）交易咨询。

专利申请获得授权后，专利权人除通过专利权创造价值外，还可通过专利许可、转让等多种方式创造价值。为确保专利许可、转让等类型的交易客体的稳定性，同时为保证参与专利交易方的利益，由专利代理机构对专利进行查证、分析和评估，并给出涉及专利交易相关建议的工作属于专利交易咨询的相关工作③。

（6）管理咨询。

对于企业而言，涉及专利的相关工作可能还包括专利战略、专利申请

---

① 谢顺星. 专利咨询服务［M］. 北京：知识产权出版社，2013：15－17.
② 谢顺星. 专利咨询服务［M］. 北京：知识产权出版社，2013：17－20.
③ 谢顺星. 专利咨询服务［M］. 北京：知识产权出版社，2013：20－22.

策略制定与实施、专利管理体制设计等相关管理工作内容，当前社会的代理机构除需要处理前文提及的专利事务外还应该具备针对委托人对于专利管理的相关需求提出涉及专利战略、专利管理制度建设等相关内容的建议的能力。

专利战略对于企业而言，是指通过专利制度最大限度地获得和保持市场竞争带来的优势和最佳经济效果的宏观策略，专利代理机构应当具备根据掌握的信息为企业提供相关专利战略的能力；专利管理制度应当符合企业的实际情况，专利代理机构应当根据委托人的具体情况提出相应的意见和建议，确保委托人建设符合实际的专利管理制度从而切实利用专利制度保障委托人的权益[①]。

第二节　中国专利代理制度的建立和发展

我国专利代理制度伴随着专利制度的诞生逐步建立和发展，经过几十年的持续发展，当前已经比较完备。我国专利代理制度大体上经历了专利代理制度初步建立、专利代理制度的巩固和完善、专利代理制度的改革和发展共三个阶段。

一、专利代理制度初步建立（1984—1988 年）

1984 年 3 月 12 日，第六届全国人民代表大会常务委员会第四次会议通过了《专利法》。1985 年 4 月 1 日，首部《专利法》正式实施，我国专利制度由此正式建立。其中，《专利法》和《专利法实施细则》中对不同专利代理机构的执业对象进行了规定，这也标志着我国专利代理制度的初步建立[②]。

---

① 谢顺星. 专利咨询服务 [M]. 北京：知识产权出版社，2013：22 - 24.
② 尹新天. 中国专利法详解 [M]. 缩编版. 北京：知识产权出版社，2012：156.

为了进一步规范我国专利代理机构和专利代理人的行为，国务院于
1985 年 9 月批准了《专利代理暂行规定》，明确了我国专利代理工作的法
律基础；1988 年，中华全国专利代理人协会成立。

在此阶段，我国专利代理工作形成了初步的工作规范和相关组织，同
时我国组织开展了一系列的代理人培训班，培养了我国第一批专利代理从
业人员，为我国专利代理制度的普及和发展打下了坚实的基础，也为我国
专利事业发展贡献了力量①。

二、专利代理制度的巩固和完善（1989—2000 年）

随着我国经济实力的不断发展，我国专利行业获得了较大发展，我国
也针对专利行业的发展对专利代理制度进行了一定的修改和调整。在此期
间，我国专利代理制度的主要变化在于②：1991 年发布了《专利代理条
例》，该条例是我国专利代理工作的首部法规；1992 年首次对《专利法》
进行修改，涉外代理机构的资格审批机构由国务院改为中国专利局；1992
年，组织开展专利代理人资格考试，并为通过资格考试的人员颁发资格
证书。

在此阶段对我国专利代理制度进行的部分调整一直沿用至今（例如专
利代理人资格考试），专利代理制度在一定程度上得到了巩固和完善，为
后续专利代理制度的进一步发展奠定了基础。

三、专利代理制度的改革和发展（2001 年至今）

2001 年以前，我国专利代理机构主要是由国有企事业单位、科研院
所、各行业部委办或工业局成立组建，机构挂靠在原单位且财务和人员编
制依赖于原单位，无法作为独立承担民事责任的主体，不符合国家"中介

---

① 张炜. 改革开放与中国代理行业的发展 [J]. 专利代理，2018（4）：24 –29.
② 张炜. 改革开放与中国代理行业的发展 [J]. 专利代理，2018（4）：24 –29.

机构应当与政府部门脱钩改制"的要求①。2001 年，国家知识产权局发布了《关于专利代理机构脱钩改制的实施意见》并于年底基本完成了这一艰巨的任务②。

2004 年，国家知识产权局允许香港、澳门地区居民参加内地专利代理人资格考试，并允许通过专利代理人资格考试的香港、澳门居民在内地执业③。

2008 年以来，我国经济进入快速发展时期，专利事业也在这一阶段迅速发展。国家在此期间制定了包括《专利代理行业发展规划（2009—2015年)》《深入实施国家知识产权战略行动计划（2014—2020 年)》《国务院关于新形势下加快知识产权强国建设的若干意见》《"十三五"国家知识产权保护和运用规划》《专利代理行业发展"十三五"规划》等一系列文件，有效促进了我国专利事业的蓬勃发展。而在这个阶段，我国的专利代理机构和代理从业人员的业务能力也得到了显著提高，不但能够完成专利申请相关事务也能够协助当事人进行确权和维权，且能参与到涉及专利的相关诉讼工作中。

① 吴观乐. 专利代理实务 ［M］. 3 版. 北京：知识产权出版社，2015：30 - 31.
② 张炜. 改革开放与中国代理行业的发展 ［J］. 专利代理，2018（4)：24 - 29.
③ 张炜. 改革开放与中国代理行业的发展 ［J］. 专利代理，2018（4)：24 - 29.

第二章

发明专利申请的代理[*]

---

*   本章内容基本不涉及实用新型和外观设计两种专利申请的内容，特此说明。

第一节　发明专利申请文件的撰写

由于专利审查针对的是申请人提交的申请文件，因此在发明专利申请的代理工作中，发明专利申请文件的撰写工作是所有工作的基础。只有在充分理解委托人拟申请专利技术的基础上，按照《专利法》《专利法实施细则》《专利审查指南》的要求将委托人的技术形成符合要求的申请文件，申请人的技术才有可能通过实质审查并获得授权。

本节主要介绍发明专利申请文件的撰写流程和应当注意的相关事项。

一、撰写前准备工作

专利代理从业人员在接受委托人的委托后，首先应当通过委托人的技术交底书了解发明人的技术方案、发明构思，并在此基础上对现有技术进行适当检索，以了解相关技术所在领域的发展状况，为下一步进行专利申请文件的撰写提供充分准备。

1. 理解发明实质内容

在获得了发明人提供的完整的技术交底书后，首先要做的工作就是明确技术交底书中涉及哪些主题并判断这些主题是否属于《专利法》第二条第二款、第五条、第二十二条第四款、第二十五条规定的情形，如果存在上述法条规定的情形，则应与委托人沟通探讨是否可通过修改等方式克服上述缺陷①；在排除了上述情况后，应当通过技术交底书中的内容理解发明人的发明意图，即确认其发明是基于怎样的现有技术，其要解决的技术问题是什么。

---

① 吴观乐. 专利代理实务［M］. 3 版. 北京：知识产权出版社，2015：277－278.

在充分理解了发明人提供的现有技术、发明构思及具体的技术方案内容的基础上，再从委托人提供的技术方案中找出其发明点，即发明最主要的改进点，或其相对现有技术作出的技术贡献。将这些发明点、关键点与现有技术进行对比，最后确认发明人要解决的技术问题。

2. 检索现有技术

在通过技术交底资料对委托人提供的技术方案形成初步认识后，专利代理从业人员有必要在委托人提交的资料的基础上对技术方案做进一步检索，要更全面、更完善地对现有技术进行调研，以确保最终得到高质量的专利申请文件。

专利代理从业人员进行的检索工作应当至少涉及如下内容①。

应当在现有技术中检索是否存在明显影响委托人提供的技术方案的新颖性和创造性的相关文件，并在后续的撰写中充分考虑并确定具体的申请策略。由于《专利法》第二十二条规定了授予专利权的专利申请应当具备新颖性和创造性，因此，对于通过检索发现不具备新颖性或创造性的主题，如果无法通过修改克服不具备新颖性和创造性的缺陷，则应当直接删除，将撰写精力集中在相对检索结果具有新颖性和创造性的主题上。

在完成前面所述的检索工作的基础上，针对经检索未发现影响其新颖性和创造性的现有技术的主题，应当根据检索结果为拟申请的主题确定合适的保护范围。总体说来，如果经检索发现现有技术与委托人提供的主题相差较大，则在撰写时应该尽可能把独立权利要求的保护范围限定得较宽，同时引用该独立权利要求的从属权利要求也应该尽可能地层次分明，使得相关主题得到全面充分的保护；如果委托人的主题与检索得到的现有技术较为接近，则在撰写时就要关注委托人主题与检索得到的现有技术之间的差异，并将这些差异体现在权利要求中，以确保权利要求具备新颖性和创造性，同时也可提高专利申请的审查效率。

3. 明确初步申请策略

完成了上述工作后，专利代理从业人员已经对委托人提供的技术内容和其所在领域的现有技术状况有了较为全面的了解，此时可与委托人

① 吴观乐. 专利代理实务［M］. 3 版. 北京：知识产权出版社，2015：284－285.

明确初步的申请策略，尤其是对权利要求书进行适当布局以确保申请获得授权后的权利稳定性等。此处涉及的申请策略主要包括如下几方面的内容。

（1）明确发明专利的主题类型。

发明专利的主题类型包括产品和方法（含用途），确定保护主题类型就是确定撰写成产品权利要求还是方法权利要求①。一般情况下，从专利维权角度考虑，只要能用产品权利要求进行保护的，尽可能写成产品权利要求，因为在专利侵权诉讼中，产品权利要求相对于方法权利要求更容易搜集侵权行为的直接证据，有利于专利权人的维权。

此外，为尽可能全面地保护委托人的权利，专利代理从业人员应当在委托人提供的技术方案基础上，探索是否可以用多种类型的权利要求对委托人的发明进行专利保护。

（2）初步确定独立权利要求的保护范围。

独立权利要求应当包含尽可能少的技术特征，除必要技术特征，其他的特征不要放在独立权利要求中，以尽可能地扩大独立权利要求的保护范围②。

必要技术特征与发明要解决的技术问题密切相关，判断技术特征是否为必要技术特征的方法在于判断当技术方案去掉相关技术特征后是否能够解决其技术问题。如果去掉相关技术特征后依然能够解决其技术问题，则相关技术特征为非必要技术特征，在撰写权利要求时应避免将其列入独立权利要求中。

此外，在确定独立权利要求的保护范围时，可以通过对发明进行适当概括或使用合适的功能性限定等方式扩大独立权利要求的保护范围（应当注意的是，对发明的概括以及使用功能性限定等方式撰写的权利要求应当得到说明书的支持），同时将更为具体的技术方案和特征放在从属权利要求中，以便在后续审查以及无效程序中有足够的修改余地。

---

① 中华人民共和国国家知识产权局. 专利审查指南 2010［M］. 2019 年修订. 北京：知识产权出版社，2020：143.

② 中华人民共和国国家知识产权局. 专利审查指南 2010［M］. 2019 年修订. 北京：知识产权出版社，2020：144.

（3）确定从属权利要求之间的层次。

从属权利要求的撰写层次和顺序同样重要。从审查实践看，某些申请的撰写不太注意从属权利要求的层次，在确定了独立权利要求的内容后，对其他的技术特征，随意地写入从属权利要求中，甚至出现独立权利要求的保护范围很宽，而随后的从属权利要求的保护范围相对独立权利要求的保护范围明显过小的情况。

合理安排从属权利要求限定的保护范围，需要从两个方面考虑。首先是对从属权利要求中附加技术特征的概括，应该遵循从上位到具体的原则，逐级具体化。其次是从属权利要求的引用关系应与技术特征概括相对应，并且从上一个层级到下一个层级，逐级引用。

按不同层次撰写从属权利要求的主要原因在于，申请人（或专利权人）在后续的实质审查程序和案件授权后可能面临的无效程序中，要对权利要求的修改留有足够的余地，从而争取到最大限度的权利。

（4）合理安排不同组权利要求的次序。

通常情况下，一件发明申请在同时具有产品、制备方法及用途的独立权利要求的情况下，建议按照产品权利要求、制备方法权利要求和用途权利要求的顺序安排不同独立权利要求的顺序。

二、发明专利申请权利要求书的撰写

在完成前文提及的工作后，可以着手开始申请文件的撰写工作。其中，最为重要的是权利要求和说明书的撰写。本小节主要介绍权利要求书的撰写。权利要求书是用来确定专利权的保护范围的法律文件，其质量决定申请是否能够获得授权以及获得的权利的稳定性等。

1. 撰写权利要求书的主要步骤

撰写权利要求书的主要步骤包括以下几项[1]：明确发明申请的主要技术特征；根据前期的检索工作，判断确定与发明申请最为接近的现有技术；在此基础上，确定申请的必要技术特征；撰写权利要求书。

---

① 吴观乐. 专利代理实务［M］. 3 版. 北京：知识产权出版社，2015：286 – 290.

明确发明申请的主要技术特征是指根据委托人提供的技术交底书对发明形成整体的认识，明确其主要技术特征以及技术特征之间的关系，也就是明确技术方案的结构。在此基础上，从技术领域、解决的技术问题等角度综合判断检索得到的现有技术中与委托人提供的技术方案最接近的一个现有技术；根据确定的最接近的现有技术，确定该发明要解决的技术问题，进而确定发明为解决技术问题所必须包括的必要技术特征。

确定了必要技术特征后，则可开始撰写权利要求书。独立权利要求书应该包括发明的所有必要技术特征，同时在撰写时应该尽可能使用上位概念或者并列选择的方式，在确保独立权利要求能够解决技术问题的前提下尽可能具有较宽的保护范围。其中，在撰写独立权利要求时，应将发明与最接近现有技术相同的必要技术特征写入前序部分，将使发明与最接近现有技术区别开的内容作为特征部分，即可完成独立权利要求的撰写。对于非必要技术特征，则可将可能对申请的创造性起作用的技术特征作为对发明进一步限定的技术方案的附加技术特征，形成相应的从属权利要求。

2. 撰写权利要求书应注意的问题

前文已经说到，权利要求书是明确专利权的保护范围的法律文件，其质量决定申请是否能够获得授权以及获得的权利的稳定性。在审查实践中，确实遇到部分具有价值的发明，由于权利要求书的撰写存在缺陷，失去了获得专利保护的机会，或者虽然形式上获得了专利，却不能有效地保护所作出的发明创造。

本小节目的在于强调撰写权利要求时应当注意的问题以及应当避免的缺陷（主要指针对具备新颖性和创造性的权利要求）。

（1）独立权利要求的保护范围。

前文已经提到，撰写独立权利要求时应当包含尽可能少的技术特征，除必要技术特征，其他的特征不要放在独立权利要求中，以尽可能地扩大独立权利要求的保护范围。

但是，应该注意的是，撰写独立权利要求时不但要考虑撰写出保护范围尽可能宽的权利要求，还需要注意平衡权利要求的保护范围与专利权的稳定性。权利要求的保护范围越宽，专利申请审查阶段获得审批的难度就越大，无效宣告请求程序中被宣告专利权无效的可能性也越大。反之，撰写的权利要求保护范围越窄，越容易授权，但在用该项权利要求进行维权时可能无法覆盖涉嫌侵权产品。因此，在权利要求布局中需要综合考量获权与维权的可行性。

权利要求的范围并非越大越好，而是要概括一个合理的范围，这个范围要能够得到说明书的充分支持，否则即使授权也会造成权利稳定性差，使得专利权人不敢维权或者维权时专利权被轻易判定为无效。另外，概括一个合理的范围也是使得专利能够顺利获得授权的前提。这就需要在撰写时平衡好权利要求的范围和专利权的稳定性。

（2）并列独立权利要求的单一性。

《专利法》第三十一条第一款规定：一件发明或者实用新型专利申请应当限于一项发明或者实用新型。属于一个总的发明构思的两项以上的发明或者实用新型，可以作为一件申请提出。因此，根据《专利法》的规定，如果在一项申请中需要列出多组独立权利要求，则独立权利要求之间应当具备一定的联系，以确保所有独立权利要求属于总的发明构思。

为进一步对《专利法》第三十一条第一款进行规定，《专利法实施细则》第三十四条给出了判断一件申请中要求保护两项以上的发明是否属于一个总的发明构思的方法。即可以作为一件专利申请提出的属于一个总的发明构思的两项以上的发明在技术上必须相互关联，包含一个或多个相同或者相应的特定技术特征，这种相同或者相应的特定技术特征分别包含在它们的权利要求中。

《专利法实施细则》第三十四条进一步规定，体现发明或者实用新型属于一个总的发明构思的特定技术特征是指每一项发明或者实用新型作为整体，对现有技术作出贡献的技术特征，也就是从每一项要求保护的发明的整体上考虑，使发明相对于现有技术具有新颖性和创造性的技术特征[1]。

"每一项发明作为整体"是指确定一项技术方案的特定技术特征时，不仅要考虑技术方案本身，还要考虑技术领域、所解决的技术问题和产生的技术效果。对于技术方案，应当将构成该技术方案的各个技术特征，包

---

[1]　中华人民共和国国家知识产权局. 专利审查指南2010［M］. 2019年修订. 北京：知识产权出版社，2020：192.

括技术特征之间的关系作为技术方案整体的组成部分来看待。

需要注意的是，相应的特定技术特征存在于不同的发明中，它们或者能够使不同的发明相互配合，解决相关联的技术问题；或者性质类似可以相互替代，解决相同的技术问题，对现有技术作出相同的贡献。

（3）应避免的实质缺陷。

1）权利要求保护范围不清楚。

《专利法》第二十六条第四款规定：权利要求书应当以说明书为依据，清楚、简要地限定要求专利保护的范围①。其中，权利要求应当清楚、简要是对权利要求书本身的要求。

既然权利要求的作用是用来确定专利权的保护范围，为了保证其界定的保护范围是确定的，权利要求的内容和表述就应当是清楚、简要的，能使所属技术领域的技术人员确定该权利要求所要求保护的范围与不要求保护的范围之间的界限，并在实践中能够清楚地确定某一项技术方案是否落入该权利要求的保护范围。清楚的权利要求在要求保护的范围和不要求保护的范围之间划出了一条明确的界限，因而能比较明确地界定申请人所获得的权利和利益。

权利要求保护范围不清楚，主要涉及以下类型：权利要求类型不清楚；权利要求未能对保护范围进行清晰地限定；权利要求整体不清楚等②。权利要求保护范围清楚与否，应当由所属领域的技术人员从技术和法律的角度进行分析判断。

① 权利要求类型不清楚。

首先，权利要求的主题名称应当能够清楚地表明该权利要求的类型是产品权利要求还是方法权利要求。即权利要求的主题名称应当明确其属于产品还是方法；若权利要求的主题采用混合产品和方法的形式撰写，则将导致权利要求存在类型不清楚的缺陷。

其次，权利要求的技术内容应当与权利要求的主题名称相适应。此处

---

① 中华人民共和国国家知识产权局. 专利审查指南 2010 ［M］. 2019 年修订. 北京：知识产权出版社，2020：145 – 150.

② 吴观乐. 专利代理实务 ［M］. 3 版. 北京：知识产权出版社，2015：295 – 299.

的"相适应"应理解为两方面。第一,"主题名称"应反映出请求保护的技术方案所涉及的技术领域,比如简单将权利要求写为"一种产品……"或"一种方法……"则该主题名称没有反映出请求保护的技术方案所涉及的技术领域,即权利要求的主题名称不能与权利要求的技术内容相适应。第二,权利要求的类型应当与权利要求的限定特征相适应。如果权利要求保护一种产品,通常应当由其结构或组成特征来描述,如果保护一种方法,通常应当由其工艺过程、操作条件、步骤或者流程等技术特征来描述。

要求权利要求的类型明确,并不意味着产品权利要求的技术特征都必须是产品结构类型、方法权利要求的技术特征都必须是方法步骤类型。在特殊情况下,当产品权利要求无法用结构特征并且也不能用参数特征清楚描述时,允许采用方法特征来表述。方法特征包括原料(配比和/或用量)、制备工艺条件和/或步骤等特征。

② 权利要求未能对保护范围进行清晰限定。

每项权利要求的保护范围应当清楚。如果由权利要求中所用词语、标点及语句构成的表述会导致一项权利要求的保护范围边界不清或不确定,则该权利要求不清楚。权利要求的保护范围应当根据其所用词的含义来理解,其中"含义"应当理解为所属技术领域通常具有的含义。为了使权利要求限定的范围清楚,应当对权利要求中的用词予以规范,词义要确定、无歧义,并且各个技术特征之间的关系也应当清楚,避免不同的人对同一项权利要求的范围理解不一致。

申请文件中对技术术语的定义不应违背该术语通常具有的含义。如果在说明书中存在对权利要求所用术语的清楚定义,然而该术语严重违背或不同于其常规含义,这种定义会使权利要求的保护范围不清楚。因为在理解权利要求的保护范围时,通常需要结合说明书及其附图和申请日前发明所属技术领域内对该术语的常规含义进行考虑,因此,这种具有非常规含义的术语定义会产生混乱。

③ 权利要求整体不清楚。

权利要求书整体清楚是指权利要求之间的引用关系应当清楚。首先,一项权利要求与其引用的权利要求之间,在内容上要有一致性和相关性,不能出现前后内容相互矛盾，或前后内容在整体上无法衔接的情况。其次，撰写多项从属权利要求时，应避免被引用的各项权利要求的内容在逻辑关系上出现混乱或错误，使权利要求不清楚。从属权利要求只能引用在前的权利要求。引用两项以上权利要求的多项从属权利要求，只能以择一方式引用在前的权利要求，并不得作为另一项多项从属权利要求的基础，即在后的多项从属权利要求不能引用在前的多项从属权利要求。

2）独立权利要求未从整体上反映技术方案。

《专利法实施细则》第二十条第二款规定，独立权利要求应当从整体上反映发明或者实用新型的技术方案，记载解决技术问题的必要技术特征。

必要技术特征是指，发明或者实用新型为解决其技术问题所不可缺少的技术特征，其总和足以构成发明或者实用新型的技术方案，使之区别于背景技术中所述的其他技术方案。判断某一技术特征是否为必要技术特征，应当从所要解决的技术问题出发并考虑说明书描述的整体内容①。

在审查实践中，发现涉及本节提及的问题主要包括独立权利要求未记载全部必要技术特征、独立权利要求写入了非必要技术特征等。第一种情况使得独立权利要求的技术方案无法解决其技术问题从而导致独立要求不符合《专利法实施细则》第二十条第二款的规定；第二种情况虽然符合《专利法实施细则》相关条款的规定，但是却使得独立权利要求的保护范围过窄，即便专利申请最终获得授权，对专利权人的权益保护也存在不足②。

3）独立权利要求未反映与现有技术的区别。

《专利法》第二十二条规定了授予专利权的发明应当具备新颖性、创造性和实用性③。如果独立权利要求未能反映与现有技术的区别，则申请不符合《专利法》第二十二条的规定。在审查实践中发现，导致申请不符

---

① 中华人民共和国国家知识产权局. 专利审查指南2010［M］. 2019年修订. 北京：知识产权出版社，2020：144.
② 吴观乐. 专利代理实务［M］. 3版. 北京：知识产权出版社，2015：301.
③ 中华人民共和国国家知识产权局. 专利审查指南2010［M］. 2019年修订. 北京：知识产权出版社，2020：155.

合《专利法》第二十二条规定的情形包括发明的技术方案本身存在缺陷以及撰写存在问题等情形。

对于撰写存在问题导致独立权利要求未反映与现有技术的区别的情形，应从以下几个方面对存在的问题进行克服：首先是要做好权利要求保护范围与其公开内容的平衡，避免单纯为了获得较宽的保护范围而忽略了体现发明技术贡献的特征；其次是充分利用撰写申请文件前所开展的检索工作得到的现有技术，分析发明相对于现有技术带来技术贡献的特征并将特征写入独立权利要求中；最后，在撰写说明书时，应当全面地记载发明的技术方案，以确保在面对不利于申请人的审查意见时能够有余地对申请文件进行修改[1]。

4）权利要求未以说明书为依据。

《专利法》第二十六条第四款规定了权利要求书应当以说明书为依据[2]。《专利法》该条款的立法本意在于为专利权人提供与其所作出的贡献相适应的权利，权利要求请求保护的范围应当与专利权人公开的内容相适应。如果权利要求保护范围相对于说明书公开的内容过大，这将导致申请人获得较其应尽义务更大的权利，因此是不允许的。

所谓"权利要求应当以说明书为依据"，是指权利要求应当得到说明书的支持。权利要求书中的每一项权利要求所要保护的技术方案应当是所属技术领域的技术人员能够从说明书充分公开的内容中得到或者概括得出的技术方案，并且不得超出说明书公开的范围。

说明书公开的范围既包括说明书明确记载的内容，也包括本领域技术人员能够从说明书记载的内容概括得出的技术方案，因此，只要权利要求中所要求保护的技术方案没有超出这两部分内容就符合《专利法》第二十六条第四款有关权利要求支持的规定。

若权利要求的保护范围与说明书记载的内容一致，则符合《专利法》第二十六条第四款有关权利要求得到支持的相关规定。即如果一项权利要

---

① 吴观乐. 专利代理实务［M］. 3 版. 北京：知识产权出版社，2015：300.
② 中华人民共和国国家知识产权局. 专利审查指南 2010［M］. 2019 年修订. 北京：知识产权出版社，2020：145.

求请求保护的技术方案就是说明书中明确公开的一个或多个技术方案，则该权利要求得到了说明书的支持。

为获得较大的保护范围，撰写独立权利要求时也可对说明书记载的一个或者多个实施方式或实施例进行适当概括，这样的概括应当不超出说明书公开的范围。如果所属技术领域的技术人员可以合理预测说明书给出的实施方式的所有等同替代方式，或明显变型方式都具备相同的性能或用途，则应当允许申请人将权利要求的保护范围概括至覆盖其所有的等同替代或明显变型的方式。如果权利要求的概括包含申请人推测的内容，而其效果又难以预先确定和评价，则这种概括应当认为是超出了说明书公开的范围。对于权利要求概括得是否恰当，应当参照与之相关的现有技术进行判断。

3. 从实质审查角度看权利要求书撰写质量

从发明专利实质审查的角度看，高质量的权利要求书应当具有如下特点：首先，权利要求中技术方案中能够充分体现发明对现有技术带来的技术贡献；其次，权利要求的保护范围应当清晰适当，避免在独立权利要求中引入非必要技术特征导致独立权利要求的保护范围过小；最后，独立权利要求和从属权利要求之间的结构、层次较为合理，即便面对不利于申请人的审查意见时也有足够的空间对权利要求进行修改。

下面列举部分实际案例以探讨权利要求书的撰写质量。

案例 2

[**案情**] 某案，提供一种耐污抛光砖及其制造方法。在案件说明书中申请人指出，现有技术制备抛光砖时容易产生气孔，导致砖体内部疏松度增加、致密度减小。其中，影响抛光砖气孔形成的主要因素除原料配方外还包括干燥工艺和烧成方式。

在现有技术的干燥工艺中，干燥温度明显高于溶剂（水）的沸点，导致自由水在砖坯内部形成水汽并在砖坯外蒸发，初步形成微小气泡或气孔。而在烧成工艺中，气体的产生、玻璃相的形成及气泡的逐渐长大三个因素，随着温度的升高，不断推动气体体积增长，最终导致砖体致密度降低。

此外，在烧成工艺中，抛光砖的烧结只能消除其表面气孔，无法完全去除砖体内的闭口气孔。随着砖体的后续加工，这些闭口气孔会暴露于抛光砖表面，形成开口气孔，导致抛光砖表面的耐污性下降。

为了避免烧结过程中因氧化还原反应导致的砖体中的气体在砖体中形成气孔，现有技术往往通过快烧的方式确保气体逸出。但是，若烧成曲线设置不够合理，依然会影响气体逸出并最终在砖体中形成气孔，从而影响抛光砖的致密性。此外，这些封闭气孔经抛光后，就会暴露在砖的表面，当污染物接触到抛光砖的表面时，一部分污染物就会渗入到封闭气孔中，这些气孔会藏污纳垢，形成污点，甚至一些茶水倒在抛光砖上都无法消除，严重影响观感。为了解决这个技术问题，常用的方法是在抛光砖出厂时在其表面涂上一层防污剂，但这层防污剂又使抛光砖失去了通体砖的效果。

针对上述技术问题，该申请提出了一种耐污抛光砖的制备方法。除选择特定的抛光砖组分外，其相对于现有技术的改进主要在于：首先，通过原料的预处理，提前将原料中的有机物除去，避免过多的有机物生成二氧化碳等气体在砖坯中形成气孔，使烧成后的砖体致密性高；其次，通过"冷法干燥"将砖坯的自由水通过渗透的方式进行蒸发除湿，防止在砖坯早期形成微小气孔；最后，再通过砖坯底面朝上的"翻转法"进行烧成，砖面的致密度高，成品抛光后砖面的吸水率大幅降低。

可见，根据该案的说明书记载，该技术相对于现有技术案件的主要改进点在于：抛光砖的组分不同，在特定环境下去除原料有机物，使用特定的"冷法干燥"方法避免气孔产生；采用特定的烧成方法使残余的有机物结合水，无机盐分解出来的少量气体朝砖坯底部方向逸出，从而使气体形成的微孔主要分布在砖坯底部，而不影响砖面的致密度；成品陶瓷板抛光时主要是对砖面进行抛光，从而大幅减少砖面的吸水率，提高了抛光砖整体的耐污性能。

该案申请日提交的独立权利要求如下。

"一种耐污抛光砖的制造方法，包括以下步骤：备料—块料破碎—原料除碳风化—块料粉碎—原料均化—配料—球磨—过筛—浆料储备—除铁—过筛—浆料均化—除铁—过筛—备浆—喷雾干燥制粉—过筛—粉料储备—过筛—干粉除铁—冲压备料—冲压成型—干燥—烧成—粗抛—精抛。各个步骤具体如下。

（1）备料，原料中各组分重量配比为：高岭石 40～52 份、钠长石 70～100 份、珍珠岩 10～20 份、碎玻璃 10～15 份、硅灰石 20～27 份、水云母 3～5 份、硅石矿 4～8 份、钛白粉 3～5 份、锆英石 3～9 份、高铝矾土 30～35 份、滑石 5～10 份、石灰石 1～3 份、氧化锌 1～3 份、羧甲基纤维素钠 1～2 份、陶瓷助磨减水剂 1～2 份、能发射阴离子和远红外线的远红外陶瓷粉 8～24 份。

（2）块料破碎，将块状的原料按照步骤（1）中所述的各组分重量配比进行称重配料，然后在破碎机中破碎成小块。

（3）原料除碳风化，将上一步骤中破碎后原料中的有机物在680℃高温中裂解去除，然后浇上冷水，如此重复 2～3 次，急热急冷，模拟风化效果。

（4）块料粉碎，将除碳风化的块状原料在粉碎机中进行初步粉碎。

（5）原料均化，将粉碎后的原料粉末放到搅拌机中进行充分搅拌，使之搅拌均匀。

（6）配料，将备好的非块状固体原料按照步骤（1）中所述的各组分重量配比进行称重配料，然后与均化后的原料混合。

（7）球磨，采用球磨喷雾工艺，将配好的原料投入球磨机中进行球磨，加水球磨形成浆料；在球磨机内球磨至万孔筛筛余 0.45% 细度标准以下，得到的浆料流速为 100 mL 伏特杯流出时间 50～65 s；所述浆料密度为 1.82～1.88 g/cm^3。

（8）过筛，过 250 目筛，筛余量为 0.5%～0.7%。

（9）浆料储备，将浆料放入泥浆池，并进行搅拌。

（10）除铁，将浆料泵进除铁设备中，进行 2～3 次反复除铁，并回收铁质。

（11）过筛，对浆料进行过筛。

（12）浆料均化，将浆料在泥浆池中进行充分搅拌均化。

（13）除铁，将浆料泵进除铁设备中进行除铁，并回收铁质。

（14）过筛，对浆料进行过筛。

（15）备浆，将上一步骤中的浆料进行均化。

（16）喷雾干燥制粉，将上一步骤中的浆料用泵打入喷塔喷雾干燥制粉；使用真空低温连续干燥机，真空状态下完成干燥、制粒，干燥温度为 25～150 ℃，制得含水 6.5%～7.5% 的粉料。

（17）过筛，将上一步骤中制成的粉料过 30 目筛后，放入进料仓储存备用。

（18）粉料储备，进料仓内的粉料通过输送带进入称重系统，并准确定量后，进入搅拌系统；然后将制备的粉料进行陈腐，时间 36 h 以上，让残余的有机物充分发酵。

（19）过筛，再次对粉料过 30 目筛。

（20）干粉除铁，将粉料放入除铁设备中除铁，并回收铁质。

（21）冲压备料，将上一步骤的粉料送入贮料斗中。

（22）冲压成型，将上一步骤的粉料放入压机中，多管均匀布料，压制成长、宽、高的规格为 1000 mm×1000 mm×（6.5～7.8）mm 或者 800 mm×1200 mm×（6.1～7.5）mm 的砖坯。

（23）干燥，将上一步骤中冲压成型的砖坯放入带除湿蒸发器的低温型冷风除湿干燥空间中，干燥温度为 1～10 ℃，持续低温除湿干燥到砖坯坯体的含水量小于 0.5% 即可；然后在室温中静置 20 min。

（24）烧成，通过翻转机械在线翻转砖坯的砖面，使砖坯底面朝上，然后进入到辊道窑中进行烧成；在整个烧成工艺中，烧成低温区的预热时间为 13～20 min，其中，预热温度由室温均匀上升到 680～720 ℃ 的预热时间为 3～4 min，680～720 ℃ 保持 3～4 min，再在 2～4 min 内均匀上升到 900～920 ℃ 并保持 3～4 min，然后再均匀上升到 1120～1220 ℃；在高温烧成区的保温时间为 25～38 min；冷却区的冷却时间为 16～24 min；砖坯在辊道窑中通过一系列物理和化学反应，使砖坯在高温下形成液相，最后形成玻璃相、晶相、气相，最后结晶生成致密坚硬的陶瓷板。

（25）粗抛，将烧成后的陶瓷板在抛光设备中进行粗抛。

（26）精抛，将粗抛后的陶瓷板在抛光设备中进行磨边和精抛，得到表面光滑致密的抛光砖。"

[解析] 通过上文列出的独立权利要求，可以看出该权利要求中除了包括上述提及的发明相对现有技术的主要改进点外，还包括了大量本领域制备抛光砖的普遍技术手段。从专利申请文件的撰写角度来看，该案权利要求的撰写引入了大量的非必要技术特征，虽然该案最终得到了授权，但由于独立权利要求中包括大量非必要技术特征，导致该案实际获得保护的范围明显偏小，公众略微调整相关工艺参数即可规避该案的保护范围，使得专利权人无法合理地行使其权利。

三、发明专利申请说明书的撰写

专利申请文件中，说明书应当对发明作出清楚、完整的说明，充分公开发明人的技术方案，以所属技术领域的技术人员能够实现为准①。可见，说明书是对权利要求书进行概括的基础。在发明专利的实质审查过程中，如果给出了不利于申请人的审查意见，说明书将是申请人针对审查意见进行意见陈述和申请文件修改的基础和依据，因此，说明书的撰写质量对于专利申请是否能够获得授权具有重要的意义。

1. 说明书的撰写

根据《专利法》第二十六条第三款的规定，说明书应当对发明或者实用新型作出清楚、完整的说明，以所属技术领域的技术人员能够实现为准。

专利制度的根本意义在于"以公开换保护"。因此，申请人通过说明书向社会公众公开其发明创造，换取国家授予其一定时间期限之内的专利独占权，一方面保证了申请人的利益，另一方面也推动了相关发明创造的应用，从而促进科学技术进步。如果申请人提交的说明书没有达到所属技术领域的技术人员能够实现的程度，则无法有效促进科学技术进步，从而不符合《专利法》的立法本意②。在审查实践中，如果说明书存在不满足

---

① 中华人民共和国国家知识产权局. 专利审查指南 2010 [M]. 2019 年修订. 北京：知识产权出版社，2020：132 – 134.
② 尹新天. 中国专利法详解 [M]. 缩编版. 北京：知识产权出版社，2012：260.

《专利法》第二十六条第三款规定的缺陷，则可能会无法通过后续修改克服这样的缺陷，因此在提交专利申请的时候，说明书就必须满足这一要求。

《专利法》第二十六条第三款中规定的"能够实现"是对"清楚""完整"的程度的要求。这三个方面是一个整体的要求，而不是三个并列的要求。在说明书有附图的情况下，说明书的文字说明部分与说明书附图的结合也应当满足这样的要求。

根据《专利法实施细则》第十七条规定，发明或者实用新型的说明书应当写明发明名称，并应包括技术领域、背景技术、发明内容、附图说明、具体实施方式等部分，每一部分前面应写明标题。如果根据发明或者实用新型的性质，用其他方式或者顺序撰写能够节约说明书的篇幅并使他人能够准确理解其发明或者实用新型，则允许用其他方式撰写。

下面，主要介绍确定以及撰写说明书发明名称、技术领域、背景技术、发明内容、说明书附图和说明书摘要时应当注意的事项①。

（1）发明名称。

发明名称应当清楚、简要。通过阅读说明书的名称，一方面可以了解发明要求保护的技术方案的主题和类型；另一方面，便于审查员从中提取出检索需要的信息，例如在检索中可以将发明名称作为检索入口，检索到与发明主题相关的文献。

（2）技术领域。

说明书中发明的技术领域主要体现请求保护的发明专利申请的主题和类型，以便于分类和检索。技术领域应当是发明要求保护的技术方案所属或者直接应用的具体领域，而不是上位的或者相邻的技术领域，也不是发明本身。

（3）背景技术。

在背景技术部分，申请人应当写明利于审查员对发明进行理解、检索和审查有用的背景技术，并且尽可能引证反映这些背景技术的文件，尤其

① 中华人民共和国国家知识产权局. 专利审查指南 2010［M］. 2019 年修订. 北京：知识产权出版社，2020：134 – 142.

要引证与发明专利申请最接近的现有技术文件。申请人可以对申请日前的背景技术进行介绍和评价，客观指出背景技术中存在的问题和缺点。在可能的情况下，说明存在这种问题和缺点的原因以及解决这些问题时曾经遇到的困难。

（4）发明内容。

发明实质审查环节在判断发明专利申请是否具有授权前景时的考虑因素之一在于，判断发明专利申请提供的技术方案所取得的技术效果是否能够解决最接近的现有技术存在的技术问题。因此，在《专利法》相关规定的范畴下，撰写发明专利申请的说明书时，应当尽可能根据委托方的实际情况进行归纳总结，以确保说明书中的发明内容切实贴合申请人作出的技术贡献。

（5）说明书附图。

就像背景技术、发明内容、具体实施方式一样，说明书附图是说明书的一部分，属于说明书的内容。

说明书附图的作用在于用图形补充说明书文字部分的描述，使人能够直观、形象地理解发明或者实用新型的每个技术特征和整体技术方案。因此，说明书附图应该清楚地反映发明的内容。对于机械和电学技术领域中的专利申请，说明书附图的作用尤其明显。但有些发明专利申请，用文字足以清楚、完整地描述其技术方案，就可以没有附图。

（6）说明书摘要。

摘要的作用在于使公众通过阅读摘要中简单的文字概括即可快捷地了解发明所涉及的基本内容，判断该内容是否属于自己想要了解和阅读的内容，从而确定是否需要进一步查阅全文。摘要仅是一种技术情报，不具有法律效力。摘要的内容不属于发明或者实用新型原始记载的内容，不能作为以后修改说明书或者权利要求书的根据，也不能用来解释专利权的保护范围。如果摘要不能全面反映申请所涉及的内容，将直接影响审查员和公众对该文件的检索。

摘要应当写明发明所公开内容的概要，即写明发明的名称和所属技术领域，并清楚地反映所要解决的技术问题、解决该问题的技术方案的要点及主要用途；说明书中有附图的，应当提供一幅最能说明该发明或实用新型技术方案的主要技术特征的附图作为摘要附图。

2. 撰写说明书应注意的内容

（1）说明书充分公开与保留技术秘密。

根据专利制度的"以公开换保护"的原则，申请人应当充分公开其准备申请专利的技术方案，但从《专利法》的角度来看，判断说明书是否已经充分公开相关技术内容是从本领域技术人员是否能够根据说明书记载的内容实现其要解决的技术问题的角度予以进行。因此，判断说明书是否充分公开的标准是所属技术领域的技术人员能否根据说明书中的内容，在不经过创造性劳动的前提下实现申请的技术方案。

但是在专利申请的过程中，申请人往往会考虑是否将实现发明专利申请的所有细节予以公开，这就造成了技术秘密和说明书充分公开的两个要求之间的矛盾。

对于专利申请而言，根据《专利法》第二十六条第三款的规定，发明的主要构思应当在申请文件中充分公开。但是若申请人准备保留的技术细节不涉及解决技术问题的关键手段，仅仅是为权利要求的技术方案（本领域技术人员能够根据独立权利要求的技术方案解决其存在的技术问题）带来更佳的技术效果，则相关细节可不予公开①。

因此，在进行专利申请时，应当根据委托人的需求和实际的情况准确判断技术方案中哪些要点可以不公开，哪些要点必须在申请文件中体现。

（2）未详细阐述发明构思和技术贡献。

发明专利实质审查的实质是判断申请是否相对于现有技术带来了技术贡献。虽然实质审查的主要对象是专利申请的权利要求书，但是申请文件中的说明书是针对审查意见进行修改和意见陈述的基础。若说明书中未详细阐述发明构思和其相对于现有技术带来的技术贡献，当审查意见通知书中提出对申请人不利的审查意见时，可能导致申请人无法针对审查意见进行有效修改和陈述。

（3）实施例不足以体现发明技术效果。

当前的审查实践（尤其是化学领域的审查实践）中，在判断权利要求

---

① 吴观乐. 专利代理实务［M］. 3 版. 北京：知识产权出版社，2015：311 – 313.

书中记载的技术方案相对于现有技术具有创造性时，除依据发明专利申请的权利要求技术方案与现有技术公开的技术方案进行对比外，根据说明书记载的内容判断申请的技术方案相对于现有技术公开的技术方案是否会带来预料不到的技术效果也是重要的考量因素。因此，在撰写说明书时，应当注意实施例的撰写工作，尽可能采用实施例、对比例相结合的方式体现申请技术方案相对于最接近现有技术公开的技术方案带来的预料不到的技术效果，为审查过程中可能存在的不利于申请人的审查意见提供相应的修改和意见陈述的基础。

3. 从实质审查角度看说明书撰写质量

根据国家知识产权局当前的审查实践，高质量的说明书应当具备如下特点：首先，能够全面地记载申请要解决的技术问题所采取的最基本的技术手段；其次，应当具有能够体现技术方案带来的优异的技术效果的实施例和相应的对比例，为审查过程中可能存在的不利于申请人的审查意见提供申请文件修改和意见陈述的基础。

下面列举部分实际案例以探讨说明书的撰写质量。

案例 3

[案情] 某案，其请求保护一种用于温拌沥青的抗车辙剂及其制备方法。申请文件中指出，现有技术中的抗车辙剂无法做到提高温拌沥青的高温性能的同时还不影响其低温性能。根据该案申请文件的记载，该案的几个实施例与现有技术的抗车辙剂相比，低温下的弯曲破坏应变、高温下的稳定度等几项技术指标均优于市面的进口产品，取得了良好的技术效果。

但是，在审查过程中发现，该案解决技术问题的核心技术手段是将聚合物单体以及占其一定量的催化剂作为主剂反应后，与能够提升车辙剂耐低温、高温以及耐老化性能的现有技术助剂和沥青相配合后得到该抗车辙剂。该技术方案中，使用的耐低温、高温以及耐老化性能的助剂均为现有技术的常规助剂，因此给本申请带来相对现有技术更好的技术效果的主要改进点在于主剂的使用以及与改性塑料和弹性体助剂的配合。

申请日提交的权利要求 1 如下：

"1. 一种温拌沥青抗车辙剂，其特征在于，包括如下重量份的各组分：

主剂	100 份
热塑性弹性体	6 ~ 19 份
再生塑料颗粒	15 ~ 60 份
沥青	20 ~ 70 份

其中，所述主剂包括聚合物单体和占所述聚合物单体质量0.2% ~ 0.5%的催化剂。"

说明书中记载了以下内容。

"本发明采用热塑性弹性体、再生塑料颗粒、沥青及主剂的复配，其中热塑性弹性体作为弹性增强剂，具有良好的耐低温性，因此能够改善沥青混合料的低温性能。再生塑料颗粒的加入，不仅节能环保、在沥青混合料中的溶解性好，而且塑料颗粒能够增加沥青混合料的耐高温性能和耐老化性能；改性剂增大沥青混合料的耐高温机理主要是改性剂能够在混合料中形成加筋、增大沥青软化点，从而提升沥青混合料的耐高温性能。"

[解析] 该案权利要求书中仅仅限定了主剂为聚合物单体和催化剂，说明书中未对主剂种类进行说明。具体的实施例中虽然说明了聚合物单体的种类，但未说明催化剂的具体结构。由于该案在申请文件中未明确主剂的类型，而不同催化剂的使用将导致得到的聚合物的结构性能不同，因此，在未明确具体催化剂结构的前提下，其得到的产物是不明确的，无法体现该案对现有技术带来的技术贡献，实质审查阶段极有可能被指出存在不具备创造性甚至是新颖性的缺陷；同时，由于请求的保护范围过宽，即便该案最终获得了专利权，获得的权利也不够稳定，被无效的风险较大。

从该案的情况来看，该案的实施例的效果明显优于现有技术，但是由于撰写申请文件时未能在权利要求和说明书中体现出申请相对现有技术的技术贡献，使得请求保护的范围过大，同时无法对权利要求进行修改以明确主要技术贡献点，从而导致实质审查过程中可能指出的缺陷无法被克服。

第二节　发明专利实质审查程序中的专利代理

根据我国《专利法》的规定，发明专利申请需经实质审查后方可获得授权，因此，申请人和专利代理从业人员应当重视实质审查阶段的事务处理工作。对于专利代理从业人员而言，完成申请文件的撰写工作仅仅是发明专利代理工作的一部分内容，还应当协助委托人开展实质审查程序中的相关事务处理工作。

一、启动实质审查程序的专利代理

根据我国《专利法》的规定，通常情况下，国家知识产权局根据申请人的请求，启动对发明专利申请的实质审查程序。因此，专利代理从业人员应当向委托人说明发明专利申请实质审查程序的启动条件，并在获得委托人同意的基础上协助其提出实质审查请求。

根据相关规定，启动发明专利申请的实质审查程序应当在发明专利申请日的 3 年内以实质审查请求书的形式提出实质审查请求，同时应当缴纳实质审查费用。

在启动实质审查程序时，专利代理从业人员首先要提醒委托人在规定期限内提出实质审查请求，避免因延误相关期限给申请人带来不必要的损失；如果经调研分析，发现发明专利申请的技术较为成熟，能够较早投入市场，为最大化地保障申请人利益，专利代理从业人员可建议申请人提前启动实质审查程序，必要时甚至可以在提出专利申请请求的同时提出实质审查请求。此外，根据国家知识产权局的实质审查程序，只有申请公开后才会将案件送达审查部门，因此，若申请人选择提前启动实质审查程序，通常还需要选择提前公开发明专利申请，才能够确保案件早日开始实质审查工作[①]。

---

① 吴观乐. 专利代理实务［M］. 3 版. 北京：知识产权出版社，2015：461.

为提高发明专利申请的实质审查效率、更有力地保护申请人的权益，《专利法实施细则》第五十一条第一款允许申请人在提出实质审查请求时以及在收到发明专利申请进入实质审查阶段通知书之日起 3 个月内对申请文件进行修改。因此，专利代理从业人员在协助申请人启动实质审查程序时应对发明专利申请是否具备授权条件做进一步研究和调研，并向申请人说明相关情况，给出是否需要利用上述两个时机对申请文件进行修改的建议。

二、对审查意见通知书的答复

在国家知识产权局的实质审查过程中，国家知识产权局通过审查意见通知书的方式将申请文件中存在的缺陷告知申请人。为确保专利申请能够获得授权，针对审查意见的答复应全面有效，必要时还应当对申请文件进行修改以克服审查意见通知书中指出的缺陷；反之，若针对审查意见的答复不具有针对性，则会导致审查程序延长甚至专利申请被驳回。因此，在发明专利申请的实质审查程序中，对审查意见的答复的质量高低直接影响案件的结案走向，良好的分析及答复审查意见通知书的能力是专利代理从业人员的必备素质。

1. 专利代理在答复审查意见通知书过程中的主要工作

（1）分析解读审查意见通知书并转达委托人。

接收到国家知识产权局发出的审查意见通知书后，专利代理从业人员应当对通知书内容进行全面分析和解读，并将其转达委托人。分析解读审查意见通知书应主要从以下几个方面进行①。

1）核实审查意见所针对的文本。

依据请求原则，审查员通常会依据申请人递交的最后一个文本进行审查。如果专利代理从业人员发现审查意见通知书所针对的文本并非申请人所期望的文本，应当进一步核实审查意见通知书中是否指出申请人期望作为审查基础的文本的提交时机不符合《专利法实施细则》第五十一条的规

---

① 吴观乐. 专利代理实务［M］. 3 版. 北京：知识产权出版社，2015：462 - 467.

定。如果在审查意见中没有相关的说明，则需进一步核实审查意见所针对的审查文本是否存在错误。

如果确实存在审查文本认定的错误，可以采取以下方式处理。

① 如果虽然审查所针对的申请文本有误，但是相关错误的审查文本的保护范围与申请人期望进行审查的申请文本的保护范围并无实质上的区别，那么可考虑继续进行答复工作；必要时，可与审查员进行沟通。

② 如果审查所针对的申请文本的保护范围不同于申请人期望进行审查的申请文本的保护范围，导致答复审查意见存在实质困难，代理从业人员应在意见陈述书中，向审查员说明审查所针对的申请文本有误，并指出应针对的申请文本。在转达审查意见时，应向申请人/委托人予以说明。

2）分析审查意见以及相关证据。

国家知识产权局的审查意见通知书包括三种不同类型的审查意见结论，即"肯定性结论""否定性结论"和"不定性结论"。因"否定性结论"和"不定性结论"可能最终导致申请被驳回，在此主要介绍这两种审查意见的分析工作。

导致"否定性结论"的审查意见包括全部权利要求不具备新颖性或创造性或实用性、说明书公开不充分、全部权利要求涉及授权客体问题等。

如果审查意见通知书的审查意见涉及新颖性和创造性，则在收到审查意见通知书后，应当对审查意见通知书中引用的相关证据进行分析，并根据分析结果采取相应的答复和修改策略。

首先，应当确定相关证据是否在形式上满足构成现有技术或抵触申请的条件。如果形式条件不满足，则无须对该对比文件的内容进一步进行分析。

若审查意见通知书中引用的证据符合形式要求，则应进一步分析对比文件的内容，通过对比对比文件所披露的技术内容和权利要求请求保护的技术方案的异同来判断通知书中对于新颖性/创造性的评述是否合理，在此基础上初步判断申请的授权前景和相应的应对措施，以便在下一步转达审查意见时告知委托人/申请人。

对对比文件的初步分析可遵循以下原则。

① 首先判断用于评述新颖性的对比文件或用于评述独立权利要求创造

性的对比文件中用作最接近现有技术的对比文件与本申请权利要求请求保护的技术方案的相关程度。如果评述新颖性的对比文件与申请权利要求请求保护的技术方案存在区别特征或评述创造性的最接近现有技术的公开内容与申请权利要求请求保护的技术方案并不相关，可不再考虑分析其他对比文件。

② 如果审查意见中采用多篇对比文件结合评述申请的创造性且审查员对最接近现有技术的认定正确，则可阅读其他对比文件，确定现有技术中是否存在结合启示。

③ 专利代理从业人员应当尽可能对申请和对比文件的技术内容进行全面深入地对比，最优选择是将申请权利要求、说明书及具体实施方式的技术方案均与对比文件公开的内容进行对比，深度挖掘申请的授权点。

④ 基于上述对对比文件公开内容的分析，确定是否修改申请文件，若需要修改，可以提出对权利要求书的修改建议，供委托人参考。

⑤ 在分析对比文件公开内容的过程中，必要时应寻求发明人的技术支持。

如果审查意见通知书中的审查意见涉及其他导致申请将被驳回的缺陷，则应结合申请文件的公开内容重点分析通知书的意见是否正确合理。

需要说明的是，虽然电话沟通的方式主要是为了解决不会引起误解的形式缺陷问题，但并非不允许申请人和专利代理从业人员通过电话与审查员沟通实质问题。因此，若专利代理从业人员无法理解涉及"否定性结论"的审查意见的含义时，也可尝试通过电话向审查员请教审查意见的含义。

在正确理解、分析审查意见通知书中审查意见的基础上，应当形成后续的答复策略，并明确是否需要通过修改申请文件的方式克服审查意见中指出的缺陷，以便在转达审查意见时能够提出有建设性的建议供委托人参考并最终获得有利的结果。

3）转达审查意见并提供答复建议。

转达审查意见通知书时，通常应同时向委托人说明建议的答复方式，在此，主要说明针对否定性结论意见和不定性结论意见的具体答复建议。

① 针对否定性结论意见的答复建议。

对于否定性结论意见，通过对审查意见通知书（包括申请文件的内容、引用的对比文件和具体的审查意见）的仔细分析可能会出现三种情况：同意审查意见、部分同意审查意见、不同意审查意见①。

第一种情况是同意审查意见。即经过分析，认为通知书的意见正确，该专利申请的确不符合《专利法》的规定，且说明书中也无可使申请获得授权的内容，申请无授权前景。对于这类审查意见，仅需要向委托人转达审查意见，必要时可进一步向委托人解释审查意见，由委托人决定如何进行后续处理。需要注意的是，由于申请不具备授权前景，不要轻易向委托人提出处理建议，至多告知委托人若不同意上述审查意见时需要提出足够的、有说服力的理由。

第二种情况是部分同意审查意见。部分同意审查意见是指，经分析认为通知书所指出的实质性缺陷确实存在，但通过修改申请文件的方式能克服所指出的实质性缺陷。在这种情况下，除了向委托人转达审查意见并对审查意见做补充说明外，还应当向委托人指出申请文件的修改方向的建议，并说明修改后的申请文件符合《专利法》和《专利法实施细则》规定的理由，供委托人修改和确定意见陈述理由时参考。

第三种情况是不同意审查意见，即认为通知书中指出的涉及实质性缺陷的审查意见错误，申请文件符合《专利法》和《专利法实施细则》的规定。针对这种情况，专利代理从业人员在转达审查意见时应向委托人详细说明自己的观点并具体分析意见，同时应基于帮助委托人在较短周期内获得尽可能大的专利保护范围的原则提出相应的工作建议。

② 针对不定性结论意见的答复建议。

对于不定性结论意见，通过对审查意见通知书（包括申请文件的内容、引用的对比文件和审查意见）的仔细分析，同样可能出现与否定性结论意见相类似的三种情况，即同意审查意见、部分同意审查意见以及不同意审查意见。但由于此类审查意见并未就案件的结案走向进行明确判断，因此在转达审查意见时采取的做法与前文提到的针对否定性结论意见的做法有所区别②。

① 吴观乐. 专利代理实务［M］. 3 版. 北京：知识产权出版社，2015：465－466.
② 吴观乐. 专利代理实务［M］. 3 版. 北京：知识产权出版社，2015：465－466.

对于同意审查意见或部分同意审查意见这两种情况，转达委托人的方式可与转达否定性结论的审查意见的方式基本相同。但从审查实践看，审查意见结论为不定性结论的申请通常情况下还是具有一定授权前景的。因此，专利代理从业人员除了转达审查意见和对审查意见做补充说明外，还应当根据审查意见向委托人提出申请文件的修改方向以及相应的意见陈述的建议，告知委托人可通过修改申请文件的方式确保获得专利权保护并说明修改方式可能导致保护范围发生变化。如果委托人坚持不按照审查意见的要求对申请文件进行修改，专利代理从业人员还应当强调后续可能会导致延长审批程序甚至在某些情况下有被驳回的风险。在完成上述工作的基础上，根据委托人的意愿开展后续工作。

对于不同意审查意见的情况，则可以类似于否定性结论意见情况，转达审查意见并详细说明自己的观点和具体分析意见。不同的是，此时需告知委托人，若按照通知书意见修改虽然能确保获得专利权保护但会导致保护范围变窄，若不修改申请文件则有可能导致审批程序延长，甚至存在申请被驳回的可能，请委托人在此两者之间作出抉择。

（2）对申请文件进行修改并撰写意见陈述书。

转达审查意见并提供相应的答复建议后，应当着手根据委托人的指示进行申请文件的修改和意见陈述书的撰写工作。

委托人通常会给出三类不同的意见：委托人认为申请文件不存在审查意见中指出的缺陷，不同意对申请文件进行修改；同意修改申请文件，并给出相应的修改方向；给出具体的修改方式①。

对于第一种情形，如果委托人的意见和代理从业人员的意见相同，则仅需要针对审查意见进行意见陈述而不必对申请文件进行修改，同时为提高意见陈述的说服力，撰写意见陈述时可以在委托人的理由基础上进行完善；如果代理从业人员认为委托人给出的不必修改申请文件的理由不够充分，则应当与委托人进行进一步沟通，说明不修改申请文件可能导致的不利后果，并请求委托人从技术角度进一步完善理由，以提高意见陈述的说服力。

---

① 吴观乐. 专利代理实务 ［M］. 3 版. 北京：知识产权出版社，2015：466.

对于后两种情形，如果委托人的意见和代理从业人员的意见相同，则相应进行申请文件修改并重点在意见陈述中说明为何修改后的申请文件克服了审查意见中指出的缺陷；如果代理从业人员认为委托人倾向的修改方式无法克服审查意见的缺陷或导致保护范围过窄时，双方应进行沟通，代理从业人员应向委托人说明按照委托人的修改方式进行修改可能导致的不利后果，并与委托人尽可能达成一致，若无法达成一致，则按照委托人的要求修改申请文件并进行答复。

（3）监控审查意见通知书答复期限。

由于审查意见通知书中规定了答复审查意见的期限，专利代理从业人员除要完成审查意见的转述、给出答复建议及根据指示进行相应的修改和答复等实质工作外，还要监视审查意见通知书的答复期限，避免因延误答复期限给委托人带来不必要的损失。若临近答复期限还未得到委托人的指示，应该与委托人进行沟通确认，必要时应当在获得委托人同意的情况下办理延期答复手续。若国家知识产权局发出视为撤回通知书，则应当将通知书转交委托人，并根据委托人的意愿决定是否提出恢复权利请求。

此外，为满足申请人对专利申请审查周期的不同需求，加强对专利的保护力度，国家知识产权局实施了专利申请优先审查、知识产权保护中心案件快速审查等类型的审查服务。通过上述服务，专利申请的审查周期将大大缩短，但申请人答复审查意见通知书的期限也明显短于普通专利申请答复审查意见通知书的期限；若延误了答复期限，相关案件将不再享受相应的优惠政策。因此，若委托人请求了优先审查或委托人的申请通过了知识产权保护中心预审的申请，专利代理从业人员应当对这类案件的审查意见通知书的答复期限进行更为严格的监视。

2. 审查意见通知书中主要实质缺陷的处理

（1）缺乏新颖性/创造性。

如前文所述，针对指出申请文件不具备新颖性/创造性的审查意见，主要的处理思路在于：首先，判断审查意见所基于的证据是否符合《专利法》对用于评价申请新颖性/创造性证据的要求；其次，再判断审查意见中所使用的证据公开的内容是否能够影响申请的新颖性/创造性。

针对涉及新颖性的审查意见，在排除了审查意见所基于的证据不符合

《专利法》规定的形式要求的情形后，重点判断证据公开的内容是否破坏了申请权利要求的新颖性。根据《专利审查指南》的规定①，判断申请请求保护的技术方案是否具备新颖性应当遵循单独对比原则，即将权利要求中要求保护的一个技术方案作为整体与对比文件中公开的一个方案进行比较。因此，如果审查意见中使用一份对比文件中不同的技术方案（例如权利要求和具体实施例）或者两份对比文件组合评述申请请求保护的权利要求不具备新颖性，则该审查意见错误。

在确定新颖性审查意见并不涉及上述明显错误后，应判断审查意见中与申请权利要求的技术方案进行比对的对比文件的技术方案是否公开了申请权利要求的技术方案中的所有技术特征。如果确定该权利要求保护的技术方案被对比文件公开，且对比文件公开的方案能够适用于与申请权利要求的技术方案相同的技术领域，能够解决相同的技术问题，获得相同的技术效果，则申请权利要求的技术方案不具有新颖性，涉及新颖性的审查意见正确。

对于申请存在的不具备新颖性的问题，通常可采用的答复方式包括修改权利要求、进行意见陈述、修改权利要求并结合意见陈述，以及在需要时提供相关的证据等几种方式。其中，如果不同意审查意见，则可通过意见陈述的方式进行答复；如果同意审查意见，则需要修改权利要求。在新颖性比较明确的情况下不需要意见陈述，例如将审查员未评述的从属权利要求上升为独立权利要求；在新颖性不明确的情况下，还需要在修改的权利要求的基础上进行意见陈述。通常还应该适当对该权利要求相对该对比文件具备创造性的理由进行论述。

针对涉及创造性的审查意见，在排除了审查意见所基于的证据不符合《专利法》规定的形式要求的情形后（需要注意的是抵触申请不属于现有技术，不能用于评述创造性），需重点判断证据公开的内容是否破坏了申请权利要求的创造性。根据《专利审查指南》的规定②，判断申请是否具

---

① 中华人民共和国国家知识产权局. 专利审查指南 2010 ［M］. 2019 年修订. 北京：知识产权出版社，2020：158 – 159.

② 中华人民共和国国家知识产权局. 专利审查指南 2010 ［M］. 2019 年修订. 北京：知识产权出版社，2020：173.

有创造性的原则与判断申请是否具有新颖性的单独对比原则不同，可采用组合对比的原则，即将请求保护的权利要求的技术方案作为整体与现有技术整体进行比较，判断本领域技术人员是否能够在不进行创造性劳动的前提下根据现有技术的公开内容得到请求保护的权利要求的技术方案。在进行创造性判断时，通常采用三步法：第一步，确定与本发明最接近的现有技术（通常是对比文件1）；第二步，找出权利要求的技术方案中与最接近的现有技术之间的区别技术特征，以确定该权利要求保护的技术方案实际要解决的技术问题；第三步，判断现有技术中是否存在结合启示，即判断要求保护的发明对本领域技术人员来说是否显而易见，以确定权利要求的技术方案是否具有突出的实质性特点和显著的技术进步。如果确定权利要求的技术方案具有突出的实质性特点和显著的进步，则该权利要求保护的技术方案具有创造性；否则，不具有创造性。

对于创造性的问题，通常可采用的答复方式为修改权利要求、意见陈述、修改权利要求和意见陈述，基本原则与答复新颖性的审查意见相似。此外，若申请文件中未能充分体现权利要求请求保护的技术方案相对现有技术所取得的效果时，建议在答复涉及创造性的审查意见时，可补充提交相关的实验数据来证实请求保护的技术方案的创造性。补充的实验数据可以是现有技术的效果表征，以证实申请请求保护的技术方案相对于现有技术带来更佳的技术效果；也可以是对申请技术效果的补充，但补充提交的实验数据所证实的申请具备的技术效果应当是所属技术领域的技术人员能够从专利申请公开的内容中得到的，否则相关实验数据将不被审查员认可。

在有关创造性的审查意见中，通常会涉及《专利审查指南》所规定的几种不具有创造性的典型情形。第一种情形为"区别特征为公知常识"（一篇对比文件＋公知常识）。例如，区别特征为本领域中解决该重新确定的技术问题的惯用手段，或教科书、工具书等披露的解决该重新确定的技术问题的技术手段。第二种情形为"区别特征为与最接近的现有技术相关的技术手段"（一篇对比文件中两个技术方案的结合）。例如，区别特征为同一份对比文件其他部分披露的技术手段，该技术手段在其他部分所起的作用与该区别特征要求保护的发明中为解决该重新确定的技术问题所起的作用相同。第三种情形为"区别特征为另一份对比文件中披露的相关技术手段，该技术手段在该对比文件中所起的作用与该区别特征在要求保护的发明中为解决该重新确定的技术问题所起的作用相同"（两篇或多篇对比文件的结合）。

下面分别介绍三种情形的答复思路。

对于第一种情形，即对比文件结合公知常识评述创造性的情形，需要判断审查意见中认定的权利要求请求保护的技术方案与现有技术之间的区别特征是否为申请技术方案解决技术问题的关键技术手段。如果区别特征属于申请的关键技术手段，且审查意见将其认定为公知常识并无任何证据支撑相关观点，在答复审查意见时可不修改权利要求并要求审查员进行举证。同时，应当关注后续审查意见中给出的证据是否符合《专利审查指南》中对公知常识证据的定义。如果区别特征并非申请技术方案解决技术问题的关键技术手段，应根据相关特征在技术方案中的重要程度决定是否修改权利要求。

对于第二、三种情形，即多个技术方案（包括多个技术方案在同一篇现有技术对比文件中或在多篇现有技术对比文件中的情形）结合评述创造性的情形，则需主要判断技术方案之间是否具备结合启示。如果与最接近现有技术结合的现有技术中公开的技术特征在其技术方案中所起的作用与其在申请中所起的作用不同或给出了反向的启示，则审查意见中多个技术方案之间不具备结合启示，在答复时可仅说明理由而不必修改权利要求；反之，则应当考虑对权利要求进行修改以克服不具备创造性的缺陷。

（2）权利要求未以说明书为依据。

权利要求书应当以说明书为依据，是指权利要求应当得到说明书的支持。权利要求书中的每一项权利要求所要求保护的技术方案应当是所属技术领域的技术人员能够从说明书充分公开的内容中得到或概括得出的技术方案，并且不得超出说明书公开的范围。

权利要求通常由说明书记载的一个或者多个实施方式或实施例概括而成。权利要求的概括不应超出说明书公开的范围。如果所属技术领域的技术人员可以合理预测说明书给出的实施方式的所有等同替代方式或明显变型方式都具备相同的性能或用途，则应当允许申请人将权利要求的保护范围概括至覆盖其所有的等同替代或明显变型的方式。

《专利审查指南》规定了权利要求得不到支持的几种情形①。

① 对于用上位概念概括或用并列选择方式概括的权利要求，如果权利要求的概括包含了申请人推测的内容，而其效果又难于预先确定和评价，应当认为这种概括超出了说明书公开的范围。如果权利要求的概括使所属技术领域的技术人员有理由怀疑该上位概括或并列概括所包含的一种或多种下位概念或选择方式不能解决发明或者实用新型所要解决的技术问题，并达到相同的技术效果，则应当认为该权利要求没有得到说明书的支持。

② 对于权利要求中所包含的功能性限定的技术特征，应当理解为覆盖了所有能够实现所述功能的实施方式。如果权利要求中限定的功能是以说明书实施例中记载的特定方式完成的，并且所属技术领域的技术人员不能明了此功能还可以采用说明书中未提到的其他替代方式来完成，或者所属技术领域的技术人员有理由怀疑该功能性限定所包含的一种或几种方式不能解决发明或者实用新型所要解决的技术问题，并达到相同的技术效果，则权利要求中不得采用覆盖了上述其他替代方式或者不能解决发明/实用新型技术问题的方式的功能性限定。

③ 如果说明书中仅以含糊的方式描述了其他替代方式也可能适用，但对所属技术领域的技术人员来说，并不清楚这些替代方式是什么或者怎样应用这些替代方式，则权利要求中的功能性限定也是不允许的。

④ 纯功能性的权利要求得不到说明书的支持，因而也是不允许的。

针对涉及权利要求得不到说明书支持的审查意见，首先要进行事实认定，从该权利要求能够解决的技术问题出发，判断其是否属于上述几种不支持的情况。

如果涉及权利要求得不到说明书支持的审查意见正确，那么只能通过修改权利要求使之满足相关要求；若经分析发现所属技术领域技术人员能够根据说明书充分公开的内容概括得出权利要求的技术方案，那么应当在意见陈述中详细说明理由，不必修改权利要求，从而为委托人争取更大的

① 中华人民共和国国家知识产权局. 专利审查指南2010 [M]. 2019年修订. 北京：知识产权出版社，2020：145–148.

保护范围。

需要说明的是，当要求保护的技术方案的部分或全部内容在原始申请的权利要求书中已经记载而在说明书中没有记载时，允许申请人将权利要求书中的技术方案补入说明书。但是，即便权利要求的技术方案在说明书中存在一致性的表述，也并不意味着权利要求必然得到说明书的支持（例如权利要求书和说明书中均记载了上位的概括但说明书实施例中仅实施了上位概括中的一种下位概念，在此情况下，若权利要求和说明书中的上位概括中包括多种性质差异巨大的不同下位概念，则会导致所属技术领域的技术人员无法确定上位概念下的所有下位概念均能解决申请的技术问题，即便权利要求的撰写在说明书中有相同的表述，该权利要求依然无法得到说明书的支持）。因此，只有当所属技术领域的技术人员能够从说明书充分公开的内容中得到或概括得出该项权利要求所要求保护的技术方案时，记载该技术方案的权利要求才被认为得到了说明书的支持。

（3）独立权利要求缺少必要技术特征。

必要技术特征是指，发明或者实用新型为解决其技术问题所不可缺少的技术特征，其总和足以构成发明或者实用新型的技术方案，使之区别于背景技术中所述的其他技术方案。判断某一技术特征是否为必要技术特征，应当从所解决的技术问题出发，并考虑说明书描述的内容[1]。

处理涉及独立权利要求缺少必要技术特征的审查意见的思路也在于基于说明书中记载的本发明的目的或者要解决的技术问题，分析判断独立权利要求的技术方案是否能够解决其技术问题；需要说明的是，若说明书中记载的问题有多个，则该独立权利要求中只要能解决其中一个问题即可，不需要解决所有的问题。

若经分析认为独立权利要求的技术方案能够解决申请要解决的技术问题，则可仅在意见陈述中说明理由而不必修改独立权利要求。如果经分析认为，相关独立权利要求确实存在缺少必要技术特征的缺陷，则应当将相关技术特征补入独立权利要求中。

---

[1] 中华人民共和国国家知识产权局. 专利审查指南 2010 [M]. 2019 年修订. 北京：知识产权出版社，2020：144.

（4）权利要求保护范围不清楚。

权利要求书应当清楚，一是指每一项权利要求应当清楚，二是指构成权利要求书的所有权利要求作为一个整体也应当清楚。其主要包含以下几方面的含义①：每项权利要求的类型应当清楚；权利要求的主题名称应当能够清楚地表明该权利要求的类型是产品权利要求还是方法权利要求；不允许采用模糊不清的主题名称；权利要求的主题名称应当与权利要求的技术内容相适应。

此外，每项权利要求所确定的保护范围应当清楚。权利要求的保护范围应当根据其所用词语的含义来理解。一般情况下，权利要求中的用词应当理解为相关技术领域通常具有的含义。在特定情况下，如果说明书中指明了某词具有特定的含义，并且使用了该词的权利要求的保护范围，由于说明书中对该词的说明而被限定得足够清楚，这种情况也是允许的。但此时也应要求申请人尽可能修改权利要求，使得根据权利要求的表述即可明确其含义。

针对涉及权利要求不清楚的审查意见，应当从所属技术领域的技术人员的角度判断权利要求是否存在不清楚的缺陷，在事实认定的基础上进行法律适用判断。

对于审查意见中指出的确实存在的不清楚的问题，通常需要以修改的方式来克服。

但某些情况下（例如进行修改就可能导致修改超范围的情形）也可通过意见陈述的方式向审查员澄清相关事实，具体如何处理应准确站位于本领域技术人员，并进行相应判断。

（5）说明书公开不充分。

说明书应当对发明或实用新型作出清楚、完整地说明，以所属领域的技术人员能够实现为准。《专利审查指南》规定了由于缺乏解决技术问题的技术手段或者技术问题未能够解决或者技术效果未得到证实而被认为无

① 中华人民共和国国家知识产权局. 专利审查指南2010［M］. 2019年修订. 北京：知识产权出版社，2020：148-150.

法实现的几种情形①。

① 说明书中只给出任务和/或设想，或者只表明一种愿望和/或结果，而未给出任何使所属领域的技术人员能够实施的技术手段。

② 说明书中给出了技术手段，但对所属技术领域的技术人员来讲，该手段是含糊不清的，根据说明书记载的内容无法具体实施。

③ 说明书中给出了技术手段，但所属技术领域的技术人员采用该手段不能解决所要解决的技术问题。

④ 申请的主题为由多个技术手段构成的技术方案，对于其中一个技术手段，所属技术领域的技术人员按照说明书记载的内容并不能实现。

⑤ 说明书中仅给出了具体的技术方案，但未给出实验数据，而该方案又必须依赖实验结果加以证实才能成立。

在收到涉及说明书公开不充分的审查意见后，首先要确定说明书是否确实存在公开不充分的问题，如果相关审查意见是由于审查员对背景理解不够、审查员未正确理解发明创造导致的，则不同意审查意见，并陈述理由。陈述理由时应说明所属技术领域的技术人员根据说明书记载的内容能够实现发明的具体原因，必要时可通过举证现有技术的方式加强意见陈述的说服力。

通常情况下，如果审查意见认为说明书全部主题均公开不充分时，申请人无法通过修改的方式克服存在的缺陷，因为修改将引入新的信息，从而导致不符合《专利法》第三十三条的规定。在这种情况下，通常采用意见陈述的方式进行答复。在答复时通常从以下几个方面进行意见陈述：本申请说明书中记载的要解决的技术问题、提供的解决方案是什么、实施例公开的方案、公开的方案能够实现本发明的目的或获得相应的技术效果，或者根据现有技术的内容，本领域技术人员完全可以预见到公开的方案能够实现本发明的目的或获得相应的技术效果。

如果审查意见认为说明书对部分主题公开不充分，则可通过删除相应的权利要求来克服该缺陷。

---

① 中华人民共和国国家知识产权局. 专利审查指南 2010 ［M］. 2019 年修订. 北京：知识产权出版社，2020：134.

如果说明书公开充分，由于审查员对背景理解不够、审查员未正确理解发明创造导致审查员认为说明书公开不充分，通常可通过意见陈述的方式进行答复，除说明所属技术领域的技术人员能够实现发明外，还可从审查意见认为说明书未充分公开的内容属于所属领域的公知常识的角度进行答复，必要的时候提供现有技术证明。在提供现有技术证据时，需要注意以下几点①。

① 对于现有技术证据的使用要慎重，避免提供的证据影响本发明的创造性。

② 通知书中指出的应当记载在说明书中的内容已记载在本说明书所引证的申请日前已公开的对比文件中，或者已记载在本说明书中所引证的、在本专利申请公开日前已公开的本申请人在中国的在先申请的公开文本中，同时必须要满足其所引证的内容在对比文件中唯一确定，且将该内容直接引入而不需要增加任何技术内容。注意，采用引证文件来公开发明的一部分内容时，根据所引证文献的类别不同，必须确保引证文件的公开日一定不会晚于本申请的申请日（引证文件为外国专利和非专利文献）或公开日（引证文件为中国专利文献），这一点在本申请要求提前公开时特别需要重视，但需要说明的是，不提倡通过引证文件来公开相关内容的撰写方式，因为这种方式往往会造成引用混乱、内容不清楚等问题。

③ 若一个或多个证据记载的内容相互矛盾，造成无法确认请求保护的技术方案的内容，则该申请仍然不符合《专利法》第二十六条第三款。

④ 若一个或多个证据表明某一技术特征具有多种含义，而这些含义并非都能实现本发明，则该申请仍然不符合《专利法》第二十六条第三款。

⑤ 虽然申请人提供了证据证明某一技术手段属于现有技术，但该技术手段不能直接与申请说明书中记载的内容相结合，则该申请仍然不符合《专利法》第二十六条第三款。

（6）授权客体问题。

《专利法》中，涉及授权客体的相关规定包括第二条、第五条和第二

---

① 吴观乐. 专利代理实务［M］. 3版. 北京：知识产权出版社，2015：473－474.

十五条①。

《专利法》第二条对可授权的客体做了规定。其中，未采用技术手段解决技术问题，以获得符合自然规律的技术效果的方案，不属于《专利法》第二条规定的客体。

《专利法》第五条和二十五条对不授予专利权的客体做了规定。

根据《专利法》第五条第一款的规定，发明创造的公开、使用、制造违反了法律、社会公德或者妨害了公共利益的，不能被授予专利权。

根据《专利法》第五条第二款的规定，对违反法律、行政法规的规定获取或者利用遗传资源，并依赖该遗传资源完成的发明创造不授予专利权。

专利申请要求保护的主题属于《专利法》第二十五条所列不授予专利权的客体的（科学发现、智力活动的规则和方法、疾病的诊断和治疗方法、动物和植物品种、原子核变换方法以及用原子核变换方法获得的物质等），不能被授予专利权。

当审查意见涉及《专利法》第二条的相关规定，应当分析权利要求方案中是否利用了技术手段并获得了技术效果以及解决了技术问题，如是，则可在意见陈述中对此进行说明而不必对申请文件进行修改；若确实未利用技术手段获得技术效果并解决相应的技术问题，则应根据申请文件的整体内容判断是否包括了利用技术手段获得技术效果并解决技术问题的方案，如果包括则应当对权利要求进行相应修改以使申请文件符合相关规定。

当审查意见涉及《专利法》第五条时，若权利要求的技术方案的确涉及《专利法》第五条中规定的不能授权的主题，只能通过删除相应技术方案的方式克服审查意见中所指出的缺陷。当一项专利申请的全部内容均涉及上述主题时，则应建议申请人放弃该申请。

当审查意见涉及《专利法》第二十五条时，需要判断专利申请保护的技术方案是否确实属于《专利法》第二十五条规定的情形。如果所要求保

---

① 中华人民共和国国家知识产权局. 专利审查指南 2010 [M]. 2019 年修订. 北京：知识产权出版社，2020：121 - 131.

护的技术方案确实属于《专利法》第二十五条规定的情形，则应当对相应的权利要求进行必要的删除或改变权利要求的类型。如果对说明书的内容进行研究，发现所述的技术方案并不属于《专利法》第二十五条规定的情形，则不必对申请文件进行修改，只需陈述具体理由。

（7）申请文件修改超范围。

《专利法》第三十三条规定，申请人可以对专利申请文件进行修改，但是对发明和实用新型专利申请文件的修改不得超出原说明书和权利要求书记载的范围。

针对涉及修改超范围的审查意见，首先将修改后的技术内容与原始说明书和权利要求书记载的技术内容进行比较，以此来判断是否修改超范围。特别需要注意的是，权利要求是否可以得到说明书的支持并不是判断对权利要求的修改是否超出原始申请文件公开内容范围的标准。

对于确实修改超范围的内容，只能进行修改，将其改回到原始记载的内容或采用其他可被接受的方式进行修改。对于能够确定并没有修改超范围的内容，需要向审查员陈述为何修改后的内容可以根据原说明书和权利要求书记载的内容以及说明书附图直接地、毫无疑义地确定。

（8）并列独立权利要求不具备单一性。

单一性，是指一件发明或者实用新型专利申请应当限于一项发明或实用新型，属于一个总的发明构思的两项以上的发明或实用新型，可以作为一件申请提出。即如果一件申请包括几项发明或实用新型，则只有在所有这几项发明或实用新型之间有一个总的发明构思使之相互关联的情况下才被允许，判断几项发明或实用新型是否具有总的发明构思的方法在于判断权利要求是否包含使它们在技术上相互关联的一个或者多个相同或者相应的特定技术特征。特定技术特征是指体现发明或实用新型对现有技术作出贡献的技术特征[1]。

针对涉及单一性的审查意见，首先判断涉及单一性的审查意见属于哪种情况。如果申请包括多组权利要求，由于第一组权利要求不具备新颖性

---

[1]　中华人民共和国国家知识产权局. 专利审查指南 2010 ［M］. 2019 年修订. 北京：知识产权出版社，2020：192.

或创造性从而导致其余引用了第一组权利要求的其他独立权利要求之间不具备相同或相应的特定技术特征进而导致其不具备单一性时，答复应当主要针对新颖性或创造性审查意见进行。若能够克服第一组权利要求不具备新颖性或创造性的缺陷，则其余独立权利要求自然就具备了单一性。若涉及单一性的审查意见是由于独立权利要求之间本身不具备相同或相应的特定技术特征而指出的，则应着重判断审查意见针对的独立权利要求之间是否具有相同或相应的特定技术特征。

对于单一性的问题，通常可通过删除、修改意见陈述的方式克服该缺陷。其中，若不具有单一性，可删除不具有单一性的权利要求或技术方案，或者还可通过修改权利要求，使之具有单一性。若具有单一性，则进行意见陈述。

（9）存在重复授权问题。

《专利法》第九条第一款规定同样的发明创造只能授予一项专利权。但是，同一申请人同日对同样的发明创造既申请实用新型专利又申请发明专利，先获得的实用新型专利权尚未终止，且申请人声明放弃该实用新型专利权的，可以授予发明专利权①。

通常情况下，当国家知识产权局发出的审查意见通知书中指出申请不符合《专利法》第九条第一款的规定时，表明审查员已认可案件的授权前景。因此，针对涉及重复授权的审查意见，除非是审查意见中的事实认定明显存在错误，可通过意见陈述说明为何审查意见中引用的 R 类文件与申请不属于同样的发明创造；否则，还是应当根据审查意见克服存在的重复授权缺陷。

通常情况下，克服重复授权缺陷的问题有以下两种方法。

一是根据《专利法》第九条第一款的规定，若申请人同日就同一发明创造既申请了实用新型又申请了发明，且实用新型专利权还未终止，申请人可以通过放弃实用新型专利权的方式获得发明专利权；但是需要注意的是，这里要求的同日申请，需要申请人在发明专利申请和实用新型专利申

---

① 中华人民共和国国家知识产权局. 专利审查指南 2010 ［M］. 2019 年修订. 北京：知识产权出版社，2020：171.

请请求书中均勾选同日申请了发明（实用新型）的选项才能在审查过程中被认可，若没有勾选相关选项，将无法通过放弃实用新型专利权的方式获得发明专利权。

二是通过修改发明专利申请的权利要求书，确保该发明专利申请的所有权利要求的保护范围均与审查意见通知书中引用的 R 类文献的保护范围不同。这种克服重复授权缺陷方式的方法通常是在无法通过第一种方式克服重复授权缺陷时（非同一申请人、未勾选同日申请或实用新型专利权已终止等情形）不得已采用的方法。因此，专利代理从业人员在执业过程中，如果委托人指明要就同一发明创造既申请实用新型专利又申请发明专利时，一定要在请求书中相应地勾选相关的选项，避免因工作失误给委托人带来损失。

此外，在处理涉及《专利法》第九条一款的审查意见时，需要明确的是，同样的发明创造是指两件申请的保护范围实质上完全一致，并不能简单根据两件申请的权利要求的文字表述存在不同就认定二者不属于同样的发明创造。

案例 4

[案情] 某案，经检索审查后，审查部门认可该案具有授权前景，发现申请人同日就同一发明创造申请了实用新型，因此存在重复授权的缺陷。但是进一步核查该案权利要求发现，权利要求中存在明显的不清楚缺陷，且该实用新型专利也存在同样的不清楚缺陷。

审查部门在第一次审查意见通知书中指出了该发明专利申请存在的不清楚缺陷和重复授权缺陷。申请人针对第一次审查意见通知书中的审查意见，修改了权利要求克服了指出的不清楚缺陷并声明放弃实用新型专利权，据此，审查部门在启动了实用新型权利放弃程序后授予了该案发明专利权。

[解析] 该案申请人针对审查意见通知书中指出的不清楚缺陷进行了修改后，虽然权利要求在字面上与同日申请的实用新型专利的权利要求存在不同，但这是因为实用新型专利无须经过实质审查，导致授权的实用新

型专利具有和发明专利申请同样的涉及不清楚的缺陷而且已经没有修改的时机。在判断上述专利权和发明专利申请是否属于同样的发明创造时，应当从二者的技术实质去考虑，而不是仅仅因为二者字面表述存在不同就认定二者不属于同样的发明创造。

3. 意见陈述书的撰写

意见陈述书是在审查过程中申请人与审查员进行沟通交流的重要手段，申请的结案方向与意见陈述的撰写质量息息相关，本小节重点介绍撰写意见陈述书时应当注意的问题[①]。

首先，如果申请人认为需要通过修改申请文件的方式克服审查意见中指出的缺陷，则应当在意见陈述书的开始说明申请人对申请文件的哪部分内容进行了怎样的修改，以及修改的位置即修改后的内容在原始申请文件中的位置。这么做的目的在于，便于审查员在收到意见陈述书后核对申请人对申请文件的修改是否符合《专利法》第三十三条的规定。

其次，阐述修改后的申请文件（或原始申请文件）为何克服了（或不存在）审查意见通知书中指出的缺陷。前文已经就审查意见通知书中可能涉及的主要缺陷的答复和处理方式做了较为详细的说明，在此不再赘述。

再次，专利代理从业人员不但要为委托人争取获得授权，还要尽可能地为委托人争取最宽的保护范围，因此在处理审查意见通知书并确定修改或答复方向时要慎重对待。

如果审查意见通知书中认为申请具有授权前景但暂时还不满足授权条件，除非是审查意见存在明显的事实认定错误，否则建议专利代理从业人员根据审查意见对申请文件进行修改，使得申请早日获得授权。如果审查意见通知书中认为申请不具有授权前景，且审查意见事实认定基本正确，那么就应当适当通过缩小保护范围的方法来尝试克服审查意见通知书中指出的缺陷。如果审查意见通知书中认为申请不具有授权前景，但经分析认为审查意见事实认定存在错误，那么应当在意见陈述书中加强说理举证，尽可能争取较宽的保护范围。

在这里要注意的是，在进行意见陈述时，要注意历次意见陈述的整体

---

① 吴观乐. 专利代理实务［M］. 3 版. 北京：知识产权出版社，2015：476 – 479.

逻辑性，避免出现互相矛盾甚至意见完全相反的情形，如果出现这类问题，将导致申请的授权可能性进一步减小。

最后，意见陈述内容应当围绕审查意见进行，并结合事实紧扣《专利法》《专利法实施细则》及《专利审查指南》的规定，说明申请符合授权条件的理由，避免在意见陈述中顾左右而言他。在审查实践中，在部分针对创造性的审查意见中，申请人在意见陈述书中一直强调申请中的发明创造的获奖经历等内容，但并未从技术角度说明为何申请具有创造性，此种申请的最终审查结果显而易见。

4. 从实质审查角度看意见陈述书撰写质量

从国家知识产权局的审查实践来看，一份好的、说服力强的意见陈述书通常包括如下特点：首先，针对性地对审查意见进行答复；其次，准确发现审查意见中的"薄弱点"并围绕其开展论述；再次，逻辑严密，意见陈述有层次有条理；最后，必要时能够通过举证等手段强化意见陈述的说服力。

下面列举部分实际案例以探讨意见陈述书的撰写质量。

案例 5

［案情］某案，请求保护一种发泡聚合物的制备方法。在其原始申请文件的权利要求书中，采用开放式的权利要求限定了该聚合物的制备方法。第一次审查意见通知书中，审查员使用三篇对比文件结合的方式评述了所有权利要求的创造性，在针对第一次审查意见通知书的意见陈述书中，申请人认为该案技术方案相对于审查意见中使用的三篇对比文件分别公开的技术方案存在粉剂种类及加入时机不同等诸多区别特征，并强调该案技术方案中不包括发泡成型工艺而对比文件则包括了发泡成型工艺，从而认为该案相对审查意见通知书中引用的对比文件具备创造性。

然而，审查意见通知书是采用三篇对比文件结合的方式评述该案权利要求的技术方案不具备创造性，可见申请人分别指出该案权利要求技术方案与三篇对比文件之间的区别并不能证明该案权利要求技术方案相对于三篇对比文件的结合具有创造性。而对于申请人强调的该案权利要求不包括发泡成型工艺而对比文件包括发泡成型工艺的观点，经查明，虽然该案权利要求中的确未记载发泡成型工艺的相关内容，但由于其权利要求采用开放式的撰写方式，导致该发泡成型的技术特征并不构成该案技术方案与对比文件公开内容的区别特征。最终，由于申请人的意见陈述不具备说服力，国家知识产权局针对该案作出驳回决定。

值得一提的是，国家知识产权局作出驳回决定后，申请人提出了复审请求，并修改了申请文件，将开放式的权利要求修改为封闭式权利要求。在前置审查阶段，原审查部门基于修改后的申请文件再次进行了考量，认为复审请求人对申请文件的修改符合《专利法》第三十三条的规定，且综合考量权利要求书和说明书的记载，认为修改为封闭式权利要求后，该案权利要求请求保护的制备工艺的确与驳回决定中使用的对比文件存在显著的不同，因此在前置审查阶段撤销了该驳回决定。

[解析] 从该案的整体审查过程来看，申请人对案件的处理既有亮点也有失误。

亮点在于，国家知识产权局作出驳回决定后，申请人认真分析了驳回决定的内容，尤其是深入分析了审查员针对意见陈述的答复，着重就审查员的重要观点"权利要求为开放式写法，申请人强调的权利要求技术方案与对比文件相比不包括经过发泡成型的工艺这一特征并不构成其与对比文件的区别特征"进行了分析，并结合申请文件中的实施例的记载，将权利要求修改为封闭式权利要求。通过这样的修改，审查员的此观点不再成立，而且也的确体现出了本申请相对最接近现有技术的技术贡献，因此原审查部门在前置阶段作出了撤销驳回决定的前置审查意见，得到了申请人预期的结果。

但是，在该案的审查过程中，还存在一定的失误，导致申请在实质审查阶段被国家知识产权局驳回。

首先，申请人在撰写申请文件时，没有在权利要求中体现出该发明相对现有技术的主要改进点"不包括发泡成型工艺"，导致在审查过程中虽然申请人陈述了该观点，但由于权利要求未体现相关改进，因此观点无法被审查员接受。

另外，申请人在陈述申请具备创造性的观点时，没有陈述申请为何相对审查过程中使用的对比文件的结合具备创造性（或从对比文件之间不具备结合启示的角度进行陈述），而是陈述了申请分别与三篇对比文件相比具有哪些区别特征，也就是说没有就审查意见进行针对性陈述。

可见，由于该案在申请文件撰写以及意见陈述方面存在的瑕疵，导致有授权前景的案件被驳回，不得已通过复审程序进行挽救，给申请人带来了一定的损失。

案例 6

[**案情**] 某案，请求保护一种酚醛泡沫塑料，说明书实施例中指出，该酚醛泡沫塑料的表观密度达到 $19 \sim 30 \ \mathrm{kg/cm^3}$。第一次审查意见通知书中，审查员使用一篇现有技术评述了该案所有权利要求的创造性，认为案件不具备授权前景。

针对第一次审查意见通知书，申请人将从属权利要求与独立权利要求合并，形成新的权利要求，强调该发明得到的酚醛泡沫塑料表观密度为 $19 \sim 30 \ \mathrm{kg/cm^3}$，而对比文件中的表观密度为 $80 \sim 300 \ \mathrm{kg/m^3}$。相比于对比文件，该发明的酚醛树脂的性能有了很大改进，不易粉化，因此该发明取得了意想不到的技术效果。但是，自然界中金属铁的密度为 $7.85 \ \mathrm{g/cm^3}$，也就是说该申请实施例中记载的酚醛泡沫塑料的表观密度远大于铁的表观密度，明显不符合常识。因此，审查员不认同申请人的意见陈述，继续发出第二次审查意见通知书，评述所有权利要求的创造性，并提出对申请文件中记载数据的质疑。

针对第二次审查意见通知书，申请人指出申请文件中对酚醛泡沫塑料的表观密度的记载有误，该案的酚醛泡沫塑料的表观密度应当是 $19 \sim 30 \ \mathrm{kg/m^3}$ 明显低于对比文件中的酚醛泡沫塑料，因此该发明符合轻型、低成本的发展方向，有利于节能减排，发明取得了意想不到的技术效果。但是申请人答复第一次审查意见通知书和第二次审查意见通知书时，其意见陈述的观点互相矛盾；且申请人强调的该发明得到的酚醛泡沫塑料解决的技术问题（提供轻型、低成本且利于节能减排的酚醛泡沫塑料的观点）并未记载在原始申请文件中。因此，审查员无法认可申请人的观点，于第二次审查意见通知书后作出驳回决定。

[**解析**] 结合案件所属领域的常识来看，申请人在答复第二次审查意见通知书时指出申请文件中记载的酚醛泡沫塑料的表观密度单位错误的观点符合案件的实际情况，但由于申请人在整个审查过程对审查意见的答复存在以下问题，导致意见陈述无法被审查员接受。

首先，针对第一次审查意见通知书中的创造性意见，在申请文件实施例存在明显错误的前提下，依据明显错误的实验错误争辩申请具备创造性，即申请人希望通过明显错误的实验数据不当得利。

其次，在审查员指出实验数据存在的问题后，改变争辩方向，两次意见陈述的观点完全相反，导致审查员无法认同申请人的意见陈述。

最后，意见陈述中强调的申请解决的技术问题并未记载在申请文件中，意见陈述内容无法得到申请文件的有力支持。

因此，从该案的审查过程中可以看出：一方面在撰写申请文件时应当注意对申请文件内容的检查，避免出现明显的错误，这是因为专利申请文件是法律文件，明显错误的出现将严重影响专利申请的严肃性和规范性；另一方面，若申请文件存在明显错误，专利代理从业人员要提醒申请人在答复时切勿试图通过这样的明显错误不当得利，否则将导致审查员怀疑案件的真实性并严重影响案件的授权前景。

案例 7

[**案情**] 某案，第一次审查意见通知书指出权利要求保护范围不清楚。针对第一次审查意见通知书，申请人对申请文件进行了修改，认为修改后的权利要求保护范围清楚，克服了第一次审查意见通知书中指出的缺陷。但是经审查发现，申请人在权利要求 1 中增加了某技术特征，且该技术特征未记载在原申请文件中，也无法从原申请文件中直接毫无疑义地得出。据此，在第二次审查意见通知书中指出该案的修改不符合《专利法》第三十三条的规定，并假定评述了申请的创造性。针对第二次审查意见通知书的审查意见，申请人修改了权利要求，但是修改后的权利要求依然包括导致权利要求修改超范围的技术特征，且未针对第二次审查意见通知书中的

关于修改超范围和假定评述创造性的审查意见进行答复。最终，由于审查意见中指出的修改超范围缺陷没有被克服且申请人未进行针对性答复，国家知识产权局针对该案作出驳回决定。

[解析] 当审查意见通知书指出申请文件存在缺陷不满足授权条件（尤其倾向性意见是不具备授权前景）时，无论是否需要通过修改申请文件的方式克服指出的缺陷，都需要根据具体的审查意见进行有针对性的意见陈述，说明为何修改后的申请文件克服了审查意见通知书中指出的缺陷（或为何申请文件并不存在审查意见通知书中指出的缺陷），否则，申请被驳回的可能性极大，这将给申请人带来较大的损失。

三、对专利申请文件的修改

在专利申请实务过程中，申请文件不可避免地会存在不够完善、准确的问题。此外，在案件审查过程中，审查员指出的部分问题无法简单通过意见陈述的方式予以克服。因此，基于各种各样的原因，申请人在审查过程中往往需要对申请文件进行修改以使申请文件满足授权条件。《专利法》和《专利法实施细则》赋予申请人修改申请文件的权利，同时也对申请文件的修改时机和修改内容进行了限制。本部分主要对申请文件的修改进行简要介绍，帮助专利代理从业人员明确发明专利申请文件修改的基本要求和技巧。

1. 修改申请文件的要求

前文已经提到，《专利法》和《专利法实施细则》允许申请人对申请文件进行修改，以使申请人能够获得保护范围清晰适当的权利；同时，相关法律法规也根据我国的专利制度对修改方式和时机进行了限制。本小节分别从修改时机和修改内容两部分介绍代理实务中对申请文件的修改方式。

（1）修改时机。

专利审查是行政程序，在保证公正的前提下，应当兼顾行政效率，因此，《专利法实施细则》第五十一条第一款和第三款对修改的时机和方式进行了规定。

正如前文所介绍的，在专利申请过程中，申请人可自行对申请文件中存在的不够准确和完善的内容进行修改；此外，申请人也可根据审查意见对申请文件进行修改。

1）主动修改。

《专利法实施细则》第五十一条第一款规定：发明专利申请人在提出实质审查请求时以及在收到国务院专利行政部门发出的发明专利申请进入实质审查阶段通知书之日起的 3 个月内，可以对发明专利申请主动提出修改。

上述条款是对申请人主动修改申请文件的时机的规定，以下将这种修改时机简称为"主动修改"。之所以要规定主动修改的时机，是考虑到发明专利的申请人在申请日之后经过一段时间，可能对其申请存在的缺陷有了较为充分的认识，希望能够对申请文件进行修改，而在实质审查开始之前给予申请人这种修改机会，可以使实质审查阶段针对更能反映申请人意愿的申请文件进行审查，这既可以更好地保护申请人的利益，又能够节省审查时间、缩短审查周期①。

对上述规定的理解可把握三个关键点："一个时间点和一个时间段"、"可以"和"主动"②。

第一个关键点中，"一个时间点"是提出实质审查请求时，"一个时间段"是收到知识产权局发出的发明专利申请进入实质审查阶段通知书之日起的 3 个月内。

第二个关键点是"可以"，说明申请人在符合时机规定的情况下可以作出修改，也可以不作任何修改。

第三个关键点是"主动"，这里的"主动"是与其他涉及修改的法律法规与规定相对而言的。例如，《专利法实施细则》第五十一条第三款规定，答复通知书时的修改应当针对通知书指出的缺陷进行；《专利法实施细则》第六十一条第一款规定复审程序中修改应当仅限于消除驳回决定和复审通知书指出的缺陷。相比之下，在《专利法实施细则》第五十一条第

---

① 尹新天. 中国专利法详解［M］. 缩编版. 北京：知识产权出版社，2012：314.

② 姜晖. 专利申请代理实务：化学分册［M］. 北京：知识产权出版社，2013：208.

一款规定的主动修改时机内，申请人可以自主地决定对哪部分内容进行修改。当然，该修改只有在满足《专利法》第三十三条规定的情况下才能被允许。

申请人在《专利法实施细则》第五十一条第一款规定的主动修改时机内修改申请文件，具有较大的自由度，只要不超出原说明书和权利要求书记载的范围即可；但缺点在于时机比较短暂，"一个时间点和一个时间段"的机会转瞬即逝，因此在代理实务中，代理从业人员应当将相关规定向申请人解释清楚，同时在相关时间点和时间段提醒申请人注意把握机会①。

在上述主动修改时机内进行的修改可以是以下几种情形：①之前的权利要求范围过小，希望扩大保护范围，例如希望删除独立权利要求中的某个技术特征，或把某技术特征由下位概念修改为原申请说明书记载的上位概念；②之前的权利要求项数过少或主题类型不恰当，希望根据说明书的内容新增独立或从属权利要求，例如在已有方法权利要求的基础上新增产品权利要求，或将某一实施例的内容新增为从属权利要求，等等。因此，对于《专利审查指南》第二部分第八章第5.2.1.3节提到的"不能被视为是针对通知书指出的缺陷进行的修改"的五种情形，申请人如果希望作出这些修改，其最佳策略是利用上述主动修改时机提出修改，前提是要符合《专利法》第三十三条的规定。

2）被动修改。

《专利法实施细则》第五十一条第三款规定：申请人在收到国务院专利行政部门发出的审查意见通知书后对专利申请文件进行修改的，应当针对通知书指出的缺陷进行修改。

上述条款是对申请人在答复审查意见通知书时修改申请文件方式的规定，以下将这种修改方式简称为"被动修改"。理解该规定的关键在于"应当针对通知书指出的缺陷"。

之所以要将修改限制在"针对通知书指出的缺陷"上，是因为此时知识产权局已经开始对该专利申请进行实质审查，审查员对申请文件进行了阅读、理解、检索和评价，相应地在审查意见通知书中指出在审查过程中

---

① 姜晖．专利申请代理实务：化学分册［M］．北京：知识产权出版社，2013：209．

发现的问题。如果申请人不针对指出的问题对申请文件进行修改，而是按照自己的意愿任意地修改，不仅不利于解决审查中已发现的问题，而且还有可能造成新的问题，导致审查程序的延长和行政资源的浪费①。

因此，如果申请人答复审查意见通知书时所进行的修改不是"针对通知书指出的缺陷"，通常不会被审查员接受。但是，也存在例外情形，若申请人的修改方式虽然与审查员发出的审查意见通知书所指出的缺陷无关，但是其修改的内容和范围既没有超出原说明书和权利要求书记载的范围，客观上又消除了申请文件存在的缺陷，且申请具备授权前景，那么该修改是有利于提高审查效率、节约审查程序的。在这一例外情形下，申请文件可能被审查员接受。

重点说明的是，《专利审查指南》中列出了五种不能被视为是"针对通知书指出的缺陷"进行修改的情形，需要申请人和代理从业人员特别注意。这五种情形具体如下②：①主动删除独立权利要求中的技术特征，扩大了该权利要求请求保护的范围；②主动改变独立权利要求中的技术特征，导致扩大了请求保护的范围；③主动将仅在说明书中记载的与原来要求保护的主题缺乏单一性的技术内容作为修改后权利要求的主题；④主动增加新的独立权利要求，该独立权利要求限定的技术方案在原权利要求书中未出现过；⑤主动增加新的从属权利要求，该从属权利要求限定的技术方案在原权利要求书中未出现过。

可以看出，上述五种情形有一个共同的特点，即它们是在审查员已经审查过的权利要求书基础上增加了审查意见通知书中没有审查过的内容，所以缺乏与审查意见通知书指出的缺陷的针对性，因此不能被接受③。

根据《专利法实施细则》第五十一条第三款，修改申请文件时应当注意，按照《专利审查指南》第二部分第八章第5.2.1.3节的规定，如果审查员针对申请人在 A 日提交的申请文件发出第 N 次审查意见通知书，申请

---

① 尹新天. 中国专利法详解［M］. 缩编版. 北京：知识产权出版社，2012：213.

② 中华人民共和国国家知识产权局. 专利审查指南 2010［M］. 2019 年修订. 北京：知识产权出版社，2020：245－246.

③ 姜晖. 专利申请代理实务：化学分册［M］. 北京：知识产权出版社，2013：213.

人在答复该通知书时（B 日）提交了申请文件的修改替换页，审查员收到该答复文件后发出第 N + 1 次审查意见通知书，告知 B 日所提交的修改文件不是针对第 N 次审查意见通知书指出的缺陷进行的，不符合《专利法实施细则》第五十一条第三款的规定，那么，如果申请人在答复第 N + 1 次通知书的期限内再次提交的文件仍然不符合《专利法实施细则》第五十一条第三款的规定，审查员将针对之前 A 日提交的文本继续进行审查，并且可以针对之前可以被接受的文本直接作出授权或驳回决定①。所以，如果申请人已经被告知过其修改不符合《专利法实施细则》第五十一条第三款规定，再次修改时就需要更加谨慎地核实各修改之处，确保修改是针对审查意见通知书指出的缺陷进行的。

（2）修改内容。

1）法律规定。

《专利法》第三十三条规定：申请人可以对其申请文件进行修改，但是，对发明或者实用新型专利申请文件的修改不得超出原说明书和权利要求书记载的范围，对外观设计专利申请文件的修改不得超出原图片或者照片表示的范围。

上述规定既赋予了申请人修改的权利，又对申请人修改的内容和范围作出了限制。之所以赋予申请人修改的权利，是考虑到申请文件的表述不准确和保护范围不恰当等缺陷将不利于社会了解发明实质也不利于专利权人行使自身的权利，因此允许修改申请文件可以最大化保护专利权人合法权益并推动社会科技进步，从而充分发挥专利制度对社会的促进作用。但是由于我国专利制度为先申请制，如果允许申请人在修改时加入新的内容则会导致申请文件中引入了申请日之后的成果，那么就违背了我国的专利制度原则，所以《专利法》第三十三条对修改内容进行了限制②。

对《专利法》第三十三条规定的理解应当注意③如下三点。

首先，《专利法》第三十三条规定中的"原"是指申请日提交的申请

---

① 姜晖. 专利申请代理实务：化学分册 [M]. 北京：知识产权出版社，2013：214 - 215.

② 尹新天. 中国专利法详解 [M]. 缩编版. 北京：知识产权出版社，2012：307.

③ 中华人民共和国国家知识产权局. 专利审查指南 2010 [M]. 2019 年修订. 北京：知识产权出版社，2020：244，250，357.

文件，不包括作为优先权基础的在先申请文件。对于国际申请来说，申请人在申请日向受理申请的国际局递交的申请文件即为原始申请文件。因此，国际申请进入国家阶段之后，如果发现译文错误，在办理改正译文错误手续后，可以依据原始提交的国际申请的内容进行修改。

其次，《专利法》第三十三条规定中的"说明书和权利要求书"，包括权利要求书和说明书的文字部分以及说明书附图部分，但不包括说明书摘要和摘要附图。

最后，根据《专利审查指南》第二部分第八章第 5.2.1.1 节的规定，《专利法》第三十三条的"原说明书和权利要求书记载的范围"的含义包括两部分：第一部分是原说明书和权利要求书文字记载的内容；第二部分是根据上述文字记载的内容以及说明书附图能直接地、毫无疑义地确定的内容。对于"不得超出原说明书和权利要求书记载的范围"这一要求的评价标准，《专利审查指南》第二部分第八章第 5.2.3 节进一步规定："如果申请的内容通过增加、改变和/或删除其中的一部分，致使所属技术领域的技术人员看到的信息与原申请记载的信息不同，而且又不能从原申请记载的信息中直接地、毫无疑义地确定，那么，这种修改就是不允许的。"换言之，如果在原说明书和权利要求书中有文字记载，或者虽无文字记载但能从原说明书和权利要求书记载的信息中直接地、毫无疑义地确定，那么该修改就没有超出原申请说明书和权利要求书记载的范围，符合《专利法》第三十三条的规定。

2）法律适用。

理解和运用《专利法》第三十三条时，重点和难点在于掌握"直接地、毫无疑义地确定"这一判断标准。下面先从判断主体、判断客体和与"得到说明书支持"的判断标准的区别三个方面对这一判断标准进行理论层面的解读。

首先，关于判断主体。

虽然《专利法》第三十三条的规定中没有提到判断主体，但是从立法本意来看，专利申请文件的理解应当站在所属技术领域的技术人员的角度，因此判断能否"直接地、毫无疑义地确定"的主体也应当与创造性、公开充分等判断的主体一致，都是"所属技术领域的技术人员"。

其次，关于判断客体。

一项权利要求请求保护的技术方案是由技术特征组成的，通过增加、删除和/或改变技术特征，可以形成不同的技术方案。因此判断是否超范围时，仅核实单个技术特征是否在原权利要求书和说明书中有记载是不够的，还必须以修改后的各技术特征的总和（即技术方案）为对象，判断该技术方案是否超出原申请说明书和权利要求书记载的范围[1]。

例如，申请人在从属权利要求中增加了一特征 a，虽然原说明书原文记载了 a 的特征，但结合说明书上下文发现，包括该特征 a 的技术方案是 A，但待修改的该从属权利要求的技术方案是与说明书包括特征 a 的技术方案 A 相互独立、存在明显区别的两个技术方案。因此，本领域技术人员并不能直接、毫无疑义地确定从属权利要求的技术方案中可以使用特征 a。那么，虽然上述增加的特征本身在原说明书中有相同的文字记载，但修改后的方案仍然超出了原说明书和权利要求书记载的范围。

最后，与"得到说明书支持"的判断标准的区别。

实践中，一些申请人会在答复审查意见通知书的意见陈述书中强调其修改得到了说明书的支持。可以理解，申请人意在陈述其修改不超范围的理由。然而，得到说明书支持是《专利法》第二十六条第四款规定的内容，修改的内容和范围才是《专利法》第三十三条规定的内容，二者不同。得到说明书支持的判断标准是"从说明书充分公开的内容中得到或概括得出"，其内涵比修改超范围的标准"直接地、毫无疑义地确定"的内涵要大，能够得到说明书支持的不一定能够直接地、毫无疑义地确定。所以对于申请人和代理人来说，需要从概念上将《专利法》第三十三条的"直接地、毫无疑义地确定"判断标准与《专利法》第二十六条第四款的"得到或概括得出"标准区分开来[2]。

2. 典型修改情形

前文已从理论上对《专利法》第三十三条和《专利法实施细则》第五十一条第一款或第三款的规定进行了阐述。在发明专利申请的实质审查过

---

① 姜晖. 专利申请代理实务：化学分册［M］. 北京：知识产权出版社，2013：217.
② 姜晖. 专利申请代理实务：化学分册［M］. 北京：知识产权出版社，2013：217.

程中，实质审查员对于上述法律法规的适用顺序是：首先判断修改的时机和方式是否符合《专利法实施细则》第五十一条的相关规定，符合规定的文本予以接受并作为审查基础，然后再根据《专利法》第三十三条的规定判断该修改的内容和范围是否超出原申请说明书和权利要求书记载的范围。不符合《专利法实施细则》第五十一条第一款或第三款规定的文本将不予接受，可以不再进一步判断其修改是否符合《专利法》第三十三条的规定。

《专利法》第三十三条是就实体方面对修改做出的规定，也是实践中的争议热点。下面就申请和审查过程中的典型修改情形对代理实务中如何理解并适用《专利法》第三十三条的规定进一步加以说明。

从申请实务来看，《专利法》第三十三条中的修改包括增加技术特征、删除技术特征和改变技术特征三种方式，现分别介绍三种修改方式的典型情形。

（1）增加技术特征。

增加技术特征，这里是指增加与技术方案相关的特征，所增加的特征可以出现在权利要求书中，也可以出现在相关的说明书部分，甚至出现在说明书附图中。

增加特征是实践中常见的修改情形，例如申请人为了克服原独立权利要求无新颖性或创造性、缺少解决技术问题的必要技术特征、未以说明书为依据等缺陷，会考虑在独立权利要求中增加特征，对其做进一步限定。对于这种增加特征的修改，只要经修改后的技术方案已清楚地记载在原说明书和权利要求书中，就会被允许。属于增加技术特征的典型情形包括以下几种[①]。

第一种情形是，申请人认为原申请文件记载的内容不够详细充分，向其中补充信息。

第二种情形是，申请人将原申请文件中记载的几个分离的特征进行组合。例如，将仅在一个实施例中描述的某个特征增加到其他实施例中，或者在一个独立权利要求中增加原本并不引用该独立权利要求的某一权利要

---

① 姜晖. 专利申请代理实务：化学分册［M］. 北京：知识产权出版社，2013：218 – 221.

求中的某个特征，从而组合形成一个技术方案。

对于上述第一种情形，总的判断原则是：如果申请人补充的信息在原说明书和权利要求书中已有完全相同的记载，或者虽无完全相同的记载，但所属技术领域的技术人员由原说明书和权利要求书的文字记载以及说明书附图可以直接地、毫无疑义地确定，那么该修改符合《专利法》第三十三条的规定，反之则不符合《专利法》第三十三条的规定①。

对于上述第二种情形，判断是否超范围时需要注意，构成修改后的技术方案的各个特征本身在原申请文件中有记载，但修改后的技术方案是否超范围，还要看根据原申请文件记载的信息能否直接地、毫无疑义地得到这些分离的特征组合在一起构成该修改后的技术方案。即重点在于，判断这种新增加的组合关系是否能够从原说明书和权利要求中直接地、毫无疑义地确定。如果将原申请文件中的几个分离特征改变成一种新的组合，而原申请文件中没有明确提及这些分离特征彼此间的关联，则这种修改得到的组合技术方案是超范围的②。

（2）删除技术特征。

删除技术特征，即将记载在原始申请文件中的某个或某些特征删除，这里同样是指删除与技术方案相关的特征。只要删除特征产生的技术方案已经记载在原说明书和权利要求书中，或者虽无文字记载但可以从原说明书和权利要求书记载的信息中直接地、毫无疑义地确定，那么该修改就会被允许。反之，则不允许。

应当注意，从独立权利要求中删除在原申请文件中明确认定为发明的必要技术特征的那些技术特征，即删除在原说明书中始终作为发明的必要技术特征，或者从权利要求中删除一个与说明书记载的技术方案有关的技术术语，或者从权利要求中删除在说明书中明确认定的关于具体应用范围的技术特征，都是不允许的。因为这种删除会导致出现不含该特征的技术方案，而这一方案并未记载在原说明书和权利要求书中，也不能由原说明

---

① 姜晖. 专利申请代理实务：化学分册［M］. 北京：知识产权出版社，2013：219.
② 姜晖. 专利申请代理实务：化学分册［M］. 北京：知识产权出版社，2013：221.

书和权利要求书直接地、毫无疑义地确定①。

（3）改变技术特征。

审查实践中，改变技术特征主要有以下七种形式。

1）修改错误。

申请人可根据实际情况对申请文件中存在的错误进行修改，这里所说的错误，是指本领域技术人员能够意识到的申请文件存在的错误。对错误的修改应当注意：如果所述错误是所属技术领域的技术人员一旦看到就能够发现其存在，并且还能够知道如何改正的错误，则应当允许对该错误进行修改②。

需要说明的是，这里指出的错误应当是所属技术领域的技术人员能够根据原申请文件和公知常识进行客观判断得出的错误；同时该修改是所属技术领域的技术人员从原申请文件中可以直接地、毫无疑义地确定的内容。

但是，如果所述错误虽然能够被所属技术领域的技术人员发现，但针对相关错误存在多种修改方式，且这种修改无法从原申请文件中直接、毫无疑义地确定，则不允许进行这样的修改。

2）改变技术术语。

改变技术术语是指申请人对申请文件中的某个技术术语（字、词或短语）的表述方式进行修改。在发明专利申请过程中，申请人可能为了消除申请文件中某些表述不准确、用词不严谨的问题而主动改变技术术语，也可能是审查意见通知书认为申请文件中某些表述含义不清楚，申请人试图通过改变技术术语来消除该缺陷③。

改变技术术语时，应注意核实修改前后的术语含义的异同，包括术语本身的含义是否相同，以及术语在技术方案中的理解是否相同。如果改变后的技术术语使得技术方案中引入了新的信息（例如修改后的技术术语在申请所属领域具有多个不同的含义），而该新的信息不能从原申请文件中

① 姜晖. 专利申请代理实务：化学分册 [M]. 北京：知识产权出版社，2013：222.
② 姜晖. 专利申请代理实务：化学分册 [M]. 北京：知识产权出版社，2013：231.
③ 姜晖. 专利申请代理实务：化学分册 [M]. 北京：知识产权出版社，2013：233.

直接地、毫无疑义地确定，则不允许这种改变。

3）概括。

在申请实务中，申请人为了获得更大的专利权保护范围，通常会通过将说明书中记载的内容概括为上位概念或进行功能性限定等方式撰写权利要求书；而在申请审查过程中也希望同样能够采用上位概念而非下位概念、采用功能性限定而非某一个具体的实施方式等方式对申请文件进行修改。这种修改方式即为"概括"①。

根据《专利审查指南》的规定，权利要求中用上位概念表述的特征包括了该上位概念范畴内的所有下位概念，权利要求中所包含的功能性限定的技术特征应理解为覆盖了所有能够实现所述功能的实施方式。因此，通常来说，如果原说明书和权利要求书仅仅记载了某一个或某一些下位概念或具体实施方式，并未记载修改后出现的上位概念、功能性限定的话，申请人进行"概括"修改之后，实质上就是增加了一些新的下位概念或新的具体实施方式。所以判断概括式修改是否超出原说明书和权利要求书范围，就是判断概括式修改后新增加的下位概念或新的具体实施方式之后得到的技术方案能否根据原申请文件直接地、毫无疑义地确定。

4）根据说明书附图进行修改。

对于说明书附图中提供的信息，在实践中应当考虑以下内容②。

首先，附图是说明书的组成部分，其作用在于利用图形补充说明书文字部分的描述。

其次，同一附图应当采用相同比例绘制，这是对申请文件撰写的一般要求。如果申请文件中不存在让人有理由怀疑附图未采用相同比例绘制的文字描述或附图所示的内容，就应当认定同一附图采用相同比例绘制。对于这样的附图，如果所属领域的技术人员结合说明书的内容可以直接地、毫无疑义地确定出附图所示部件之间的相对位置、相对大小等定性关系，则上述内容应当认为是说明书记载的信息。同时应该注意的是，修改申请文件时，不能仅通过测量申请文件的附图中相关部分的具体尺寸参数等认

① 姜晖. 专利申请代理实务：化学分册［M］. 北京：知识产权出版社，2013：235.
② 姜晖. 专利申请代理实务：化学分册［M］. 北京：知识产权出版社，2013：237.

定说明书直接地、毫无疑义地公开了相关定量关系特征。

最后，附图中的相关部分如果在申请文件中没有做出特别的说明，则应当按照所属技术领域通常图示的含义来理解。一般可以通过技术词典、技术手册、教科书、国家标准、行业标准等文献记载的相关图示含义，理解附图中相应部分在所属技术领域的通常图示含义。

5）对现有技术的修改和基于引证文件的修改。

根据《专利审查指南》的规定，在发明专利申请说明书的背景技术部分应当写明对发明的理解、检索、审查有用的现有技术，并且尽可能引证反映这些背景技术的文件。尤其要引证包含发明权利要求书中的独立权利要求前序部分技术特征的现有技术文件。

在说明书的背景技术部分增加对现有技术（包括公知常识）的描述是允许的。但是若增加的内容涉及发明本身，并导致发明的技术问题、技术方案或技术效果发生了变化，即便增加的内容属于现有技术，这样的修改也是不允许的。

如果申请文件中引证的内容对于实现发明是必不可少的，只有在申请文件中对于引证文件的内容指引得非常明确，例如清楚写明了具体的引证文件及其具体段落等信息，且所补入的引证文件内容与本发明的相关内容具有唯一确定的关系，才可以补入引证文件中的具体内容。但是，建议尽量不采用引证文件的形式来缺省相关必不可少的内容[1]。

6）技术效果和技术问题的修改。

这类修改在申请和审查实务中较为少见，除非在审查员认为申请存在的缺陷涉及技术问题、技术效果时，申请人才考虑通过修改技术问题、效果等内容来克服该缺陷[2]。例如，当审查意见通知书质疑说明书公开不充分，不能实现发明要解决的技术问题并产生预期的技术效果时；质疑权利要求书不该或不能采用功能性限定，当功能性限定概括的范围内有的方式不能解决发明所要解决的技术问题，并达到相同的技术效果时；当质疑独立权利要求的方案缺少解决技术问题的必要技术特征时；在新颖性、创造

---

① 姜晖. 专利申请代理实务：化学分册［M］. 北京：知识产权出版社，2013：239－240.
② 姜晖. 专利申请代理实务：化学分册［M］. 北京：知识产权出版社，2013：241.

性判断过程中，当审查员认为本申请与对比文件实际解决的问题相同时。

总的来说，当技术方案清楚地记载于原申请文件中，但其技术效果或发明所要解决的技术问题没有明确记载时，如果技术效果可以由所属技术领域的技术人员从技术方案直接地、毫无疑义地确定，例如根据申请文件记载的发明原理、作用、功能，可以没有困难地直接预期到这种效果，则允许申请人进行澄清性修改。

在实践中，不允许增加或改变不能从原申请文件中直接地、毫无疑义地确定的技术效果或技术问题。例如，原申请记载的 A 物质用于 B 的用途，审查员发出审查意见后，申请人明确了 A 物质可在 C 环境下用于 B，若该 C 环境下用于 B 的技术效果可根据 A 的具体结构组成直接、毫无疑义地确定，则允许这种修改；若申请人修改后导致 A 物质还具有 D 优点，但该优点并未记载在原始申请文件中也不能由原始申请文件直接、毫无疑义地确定，则不允许进行这样的修改。

7）修改数值范围。

申请文件中存在的数值范围通常是某一参数，例如温度、压力、组合物某一组分的含量等取值范围。对于含有数值范围技术特征的权利要求中数值范围的修改，只有在修改后数值范围的两个端值在原说明书和/或权利要求书中已确实记载，修改后的数值范围在原数值范围之内，且修改后的技术方案也可以根据原申请文件直接地、毫无疑义地确定的前提下，修改才是允许的。反之，则不允许①。

申请人如果在申请日提交的原说明书和权利要求书中仅记载了某一参数的数值范围以及该数值范围内的某几个具体数值，那么对于该数值范围内的未明确提及的其他具体数值所对应的技术方案，可能构成选择发明。如果允许申请人通过修改将这些未明确提及的具体数值加入申请文件并享有原有的申请日，则会违反先申请的原则。

下面简单概括两种典型的数值范围修改方式。

一是简单的数值范围修改。若原始记载信息公开了一个连续的范围，以及其中的部分点值，申请人将其修改为以公开的点值为端点的大范围中

---

① 姜晖. 专利申请代理实务：化学分册［M］. 北京：知识产权出版社，2013：229.

的小范围，这种修改本身不超范围，但最终应当根据技术方案来判断是否超范围；如果修改后的范围点值未记载在原始信息中，则修改超范围；若原始信息公开了零散的点值，而修改为以这些点值为端点的范围的做法也不符合规定。此外，若原始记载信息公开了连续的范围和范围外的点值，而申请人将其修改为范围内的公开点值和范围外的点值为端点的范围，从而形成一个与原始公开的范围交叉的连续范围，这种修改也不符合相关规定。

二是对工艺变量的修改。通常技术方案中可能涉及多个工艺变量、多个数值范围，例如机械领域不同部件的不同尺寸，化学领域制备方法的温度、压力等。申请文件的不同部分也可能针对同一工艺参数的选择范围存在多种描述。申请人为了消除申请文件中存在的缺陷，可能希望将申请文件中不同部分针对不同变量的数值范围的描述组合起来，得到一个技术方案。对这种情形，首先对于每一个变量而言，其数值范围的修改都必须满足上述"简单的数值范围修改"的条件；其次，更重要的是，还需要判断各个工艺变量组合之后的技术方案是不是所属技术领域的技术人员根据原申请文件的信息能够直接地、毫无疑义地确定得到。

3. 典型案例

下面，就审查实践中遇到的典型案例对《专利法》第三十三条做进一步解释。

案例 8

[**案情**] 某案，申请人将权利要求中可转动的轴上的转盘、曲面齿轮和电机座由原始权利要求中的"固定设置"修改为"安装"，并指出说明书记载了在该可转动的轴上"安装"曲面齿轮。

然而，经过对说明书的通读发现，该权利要求的技术方案是说明书具体实施例1的技术方案，在具体实施例1中已明确记载了可转动轴上的转盘、曲面齿轮和电机座是"固定"在轴上，虽然在该实施例后面的描述中包括了上述部件是"安装"在轴上，但结合上下文来看，后面的描述"安装"应当理解为固定安装。

[**解析**] 在机械领域，"安装"的含义为"将零件组装在一起，或者

将器材、部件固定在某一位置"，可见"安装"的含义包括但不等同于"固定"的含义。因此，申请人修改后的权利要求的技术方案超出了原始申请文件记载的范围，不符合《专利法》第三十三条的规定。

从该案可以看出，判断申请文件的修改是否超出了原始申请文件的范围应该以技术方案为单位，在充分考虑技术方案整体情况的前提下进行；而不应当仅截取某段文字或仅因原申请文件存在相同的描述即认为修改方式未超出原申请文件记载的范围。

案例 9

[案情] 某案，请求保护一种终端，其主要解决的技术问题是实现大屏幕画面的显示效果。在其原始权利要求中，独立权利要求对终端上摄像头模组以及驱动结构的设置进行了限定，同时在其中两个存在引用关系的从属权利要求中分别限定了终端摄像头模组还可包括第二摄像头以及第一摄像头的具体设置位置。审查过程中，审查员评述了该案创造性，申请人为克服创造性缺陷，根据说明书中的内容进一步限定了"第一摄像头和第二摄像头设置在旋转体上"、"当所述驱动结构驱动所述第一摄像头移动至终端本体外部时，所述第一摄像头朝向所述终端本体正面的一侧，所述第二摄像头朝向所述终端本体背面的一侧，通过所述旋转体可使所述第一摄像头旋转至朝向所述终端本体背面的一侧，所述第二摄像头朝向所述终端本体正面的一侧"，即第一摄像头和第二摄像头分别设置在旋转体的正面和背面，通过旋转体的旋转可以切换两者的相对位置。

经核实，在该案的原始权利要求中，仅在从属权利要求中记载了第一摄像头设置在旋转体上，且当第一摄像头朝向所述终端本体的正面时，第二摄像头朝向所述终端本体背面的一侧。经进一步核实该案原始说明书发现，为实现背面拍摄功能，该案设置了两种具体实施例，包括"在安装基座上前后设置第一摄像头和第二摄像头，从而实现当第一摄像头朝向终端本体正面时，第二摄像头朝向背面"和"第一摄像头设置在旋转体上，通过旋转体的旋转使得第一摄像头朝向背面"。

该案修改前的权利要求如下。

"1. 一种终端，其特征在于，包括终端本体、摄像头模组以及驱动结构；

所述驱动结构设置在所述终端本体内；

所述终端本体设有一收纳所述摄像头模组的收容腔；

所述驱动结构与所述摄像头模组连接，以驱动所述摄像头模组从所述收容腔内移动至终端本体外部，或驱动所述摄像头模组从终端本体外部进入所述收容腔内。

2. 如权利要求1所述的终端，其特征在于，所述终端本体包括正面以及与所述正面连接的侧壁面，所述收容腔设置在所述侧壁面上。

3. 如权利要求2所述的终端，其特征在于，所述摄像头模组包括安装基座和第一摄像头，所述第一摄像头设置在所述安装基座上，所述安装基座与所述驱动结构连接；

当所述驱动结构驱动所述第一摄像头移动至终端本体外部时，所述第一摄像头朝向所述终端本体正面的一侧。

4. 如权利要求3所述的终端，其特征在于，所述终端本体还包括与所述正面相对的背面，所述摄像头模组还包括第二摄像头，所述第二摄像头设置在所述安装基座上；

当所述第一摄像头朝向所述终端本体的正面时，所述第二摄像头朝向所述终端本体背面的一侧。

5. 如权利要求3所述的终端，其特征在于，所述终端本体还包括与所述正面相对的背面，所述安装基座设有一旋转体；

所述第一摄像头设置在所述旋转体上，以使所述第一摄像头可旋转至朝向所述终端本体背面的一侧。"

修改后的权利要求如下。

"一种终端，其特征在于，包括终端本体、与所述终端本体正面连接的侧壁面、与所述正面相对的背面、摄像头模组以及驱动结构，所述摄像头模组包括安装基座、第一摄像头和第二摄像头，所述安装基座与所述驱动结构连接，安装基座开设有贯穿其第一端面以及第二端面的通槽，所述安装基座上设置有一旋转体，所述旋转体安装于所述通槽中，所述第一摄像头和所述第二摄像头设置在所述旋转体上；

所述驱动结构设置在所述终端本体内；

所述终端本体的侧壁面设有一收纳所述摄像头模组的收容腔，所述摄像头模组具有一外侧壁面，当所述摄像头模组完全容纳在所述收容腔内时，所述外侧壁面与所述终端本体的侧壁面处于同一平面，且所述外侧壁面的边缘线与所述收容腔的槽口边缘线重合；

所述驱动结构与所述摄像头模组连接，以驱动所述摄像头模组从所述收容腔内移动至终端本体外部，或驱动所述摄像头模组从终端本体外部进入所述收容腔内；

当所述驱动结构驱动所述第一摄像头移动至终端本体外部时，所述第一摄像头朝向所述终端本体正面的一侧，所述第二摄像头朝向所述终端本体背面的一侧，通过所述旋转体可使所述第一摄像头旋转至朝向所述终端本体背面的一侧，所述第二摄像头朝向所述终端本体正面的一侧。"

[解析] 对于该案修改后的权利要求的技术方案，第一摄像头和第二摄像头同时前后设置在安装基座的旋转体上，并且通过旋转体的旋转前后切换两个摄像头。然而，上述将两种独立实施例进行组合所形成新的技术方案及其声称的技术效果在原申请文件中没有文字记载，也不能根据原申请的说明书和权利要求书文字记载的内容以及说明书附图直接地、毫无疑义地确定，从而超出了原始权利要求书和说明书记载的范围，不符合《专利法》第三十三条的规定。

案例 10

[案情] 某案，请求保护一种便携式道具。为克服一通中指出的重复授权缺陷，申请人在权利要求中对用于限位的限位部件进行了限定，修改后的权利要求的技术方案同时包括了由限位弧槽阵列、限位弹簧、限位柱头阵列构成的限位部件，也包含了由限位簧槽和限位卷簧构成的限位部件。然而，在原申请文件中，虽然确实包括上述两组限位部件的记载，但是两组限位部件是两套独立的系统，二者是替换的关系，分别存在于不同的实施方式（技术方案）中，即原申请未记载同时包括上述两种限位部件

的技术方案。

[**解析**] 修改后的权利要求组合出一种在原申请文件中未记载的技术方案，且该方案也不能从原申请记载的信息中直接地、毫无疑义地得出，因此修改超出了原申请的记载范围。

从上述两个案例的审查情况可以看出，不能因为原申请文件中存在同样的描述就将不同技术方案中的技术特征割裂开并重新进行组合，这样的修改方式将导致出现未记载在原始申请文件中的新的技术方案，从而不符合《专利法》第三十三条的规定。在专利代理实务中，专利代理从业人员应当避免这样对申请中技术方案重新组合的修改方式。

案例 11

[**案情**] 某案，申请人根据审查意见对部分权利要求进行了修改，包括将原始权利要求 12 中的技术特征"在转盘和罩子之间具有可拆卸的连接装置"并入原始权利要求 4 后，同时将其中的限定词"具有可拆卸"删去，从权利要求书的保护范围上来看，修改后的权利要求的保护范围大于原始权利要求的保护范围。

[**解析**] 超范围的判断原则应当是判断修改后的技术方案是否超出原说明书和权利要求书记载的范围，并不以保护范围大小而论。本案原始说明书记载了"罩子优选地固定到转盘上。该固定装置最好是可拆卸的"，由此可见，说明书明确记载了罩子固定到转盘上，二者之间存在固定装置，本案中固定装置即连接装置，只不过在撰写上采用了不用的术语，而连接装置可拆卸只是一种优选方式。因此，在独立权利要求 4 中增加的特征"在转盘和罩子之间的连接装置，以确保转盘和罩子之间的固定和密封"可以由原说明书和权利要求书记载的范围直接、毫无疑义地得出，因此，申请人对权利要求 4 的修改符合《专利法》第三十三条规定。

判断申请文件的修改是否符合《专利法》第三十三条规定的根本原则是判断相关修改是否记载在原始的申请文件中，不能仅仅因为权利要求的保护范围变大就认定修改不符合《专利法》第三十三条规定。

4. 权利要求书的修改

权利要求是专利审查的主要内容也是申请获得授权后确权、维权的依据，因此在审查程序中，对权利要求书的修改是最为常见的。

在《专利法实施细则》规定的主动修改时机内，在满足《专利法》第三十三条规定的前提下，可对权利要求书进行各种修改，例如通过增加、改变以及删除权利要求的技术特征等方式改变权利要求的保护范围；增加或删除权利要求的项数；对独立权利要求进行划界；修改从属权利要求的引用关系等。

答复审查意见通知书时进行的修改应当是为克服原权利要求书存在的缺陷作出的，并且应当符合《专利法》第三十三条规定。修改方式主要包括下面几种情况①。

① 针对审查意见对权利要求进行修改以克服审查意见中指出的缺陷，修改方式包括增加、变更、删除等；

② 对独立权利要求进行重新划界；

③ 修改从属权利要求的引用部分，改正引用关系上的错误；

④ 对权利要求书中的明显文字错误或者与说明书描述不一致的地方进行澄清式修改；

⑤ 对权利要求书中其他形式缺陷进行修改。

5. 说明书的修改

在申请和审查实践中，对说明书的修改主要从三方面进行，首先是针对说明书不符合《专利法》以及《专利法实施细则》规定的缺陷进行修改，其次是根据对权利要求书的修改对说明书进行适应性修改，最后就是对说明书中存在的明显文字错误进行修改。上述修改只需符合《专利法》第三十三条的规定即可。

涉及说明书的修改主要包括下面几项内容②。

① 对发明名称进行修改，以使其准确、简要地反映要求保护的主题；

② 修改发明所属的技术领域；

③ 修改背景技术，补充相关现有技术；

④ 修改发明内容部分中与发明解决的技术问题相关的内容，这些修改

① 吴观乐. 专利代理实务 [M]. 3 版. 北京：知识产权出版社，2015：493 - 494.
② 吴观乐. 专利代理实务 [M]. 3 版. 北京：知识产权出版社，2015：494 - 495.

后的内容应当符合《专利法》第三十三条的规定；

⑤ 修改发明内容部分中与发明技术方案有关的内容；

⑥ 修改发明内容部分中与该发明的有益效果有关的内容，若需要进行这样的修改，需要确认修改后的内容是否记载在原说明书中或可直接、毫无疑问地从原始申请文件记载的内容推断得出，若不满足这样的要求则只能提供给审查员参考，不得直接对说明书进行修改；

⑦ 修改附图和附图说明，以及删除附图；

⑧ 修改说明书的具体实施方式，这种修改在通常情况下是不允许的，但如果说明书中记载的实施方式存在明显错误时，则允许申请人对其进行修改；

⑨ 修改说明书摘要。

6. 实践中的修改方式

在申请过程中，对权利要求书和说明书的修改是通过提交修改替换页进行的。

对权利要求书的修改，可提交全新的权利要求书全文或仅针对需要修改的权利要求项进行修改的权利要求替换页。但在审查的实践过程中，建议提交权利要求的全文替换页，便于审查员在后续工作中进行替换，同时建议在意见陈述中明确修改的依据。

同样，如果需要对说明书进行修改，可提交说明书的全文替换页也可仅提交需要修改的部分的替换页。同样，为了提高审查的效率，也建议申请人提交全文的替换页，同时在意见陈述中明确修改依据。

四、实质审查程序中的其他专利代理工作

除前文介绍的实务外，专利代理从业人员在实质审查过程中还须承担包括与审查员进行沟通、对已结案的发明专利申请进行后续处理的工作。本小节分别介绍上述情形中的具体操作方式。

1. 会晤与电话讨论

在我国的发明专利审查实践中，审查员和申请人主要是通过审查意见通知书和意见陈述书的方式进行沟通。但是，为了提升审查效率，《专利

审查指南》允许审查员与申请人当面交换审查意见，这种方式称为会晤。除此之外，电话沟通也是提升申请人与审查员沟通效率的有效手段。本小节主要对相关工作做简要说明。

（1）会晤。

根据《专利审查指南》的规定，如果审查员和申请人双方认为当面讨论案情有利于加快审查进程，则可通过会晤的方式提升审查效率。

通常而言，会晤请求由申请人在收到第一次审查意见通知书后提出。如果申请人在收到审查意见通知书后，认为无法清楚了解审查意见通知书的内容或认为审查员对案件技术理解存在错误，并且认为通过当面讨论案情的方式可加快审查进程，则可通过正式向国家知识产权局提出会晤请求等方式要求进行会晤。此外，除了上述情况外，若审查员认为当面探讨案情有利于案件审查时，也可向申请人发出会晤邀请。

需要说明的是，随着"放管服"改革的深入开展，国家知识产权局各审查部门单位为持续提升审查效能，不断探索新兴会晤模式以更好地服务创新主体。近年来，审协广东中心开展了多场面向广东省内主要创新主体的集中会晤工作，组织审协广东中心不同审查部门与创新主体进行充分会晤交流，有效提升审查效能。2020年，审协广东中心搭建了线上会晤平台，通过该平台与来自宁夏、贵州等地的申请人进行了多次会晤工作，为申请人提供便利，获得申请人的一致好评。

无论是申请人请求发起的会晤还是审查员邀请申请人进行的会晤，都应当提前进行约定。开展会晤工作时，如果申请人委托了专利代理机构，则参加会晤时负责专利申请的具有专利代理执业资格的专利代理从业人员应当参与会晤并提供执业资格证书；若相关人员无法参加时，则应当委托本专利代理机构的其他具有专利代理执业资格的人员参与会晤，并提供相应的介绍信和被委托人员的专利代理执业资格证书。

对于专利代理从业人员而言，在开展会晤之前应当与审查员明确需要讨论的问题并就相关问题进行充分准备。若申请人认为需要对申请文件进行修改，建议在会晤时将申请人的倾向性修改方式提供给审查员供审查员参考。

此外，需要注意的是，即便是双方经过会晤后就后续的处理方式达成了一致，该会晤意见也不能作为正式的答复以及修改方式替代审查程序中的意见陈述环节和正式提交的申请文件替换页。在双方达成一致后，申请人应当依据双方会晤的结果正式向国家知识产权局提交意见陈述和申请文件的替换页以继续进行后续的审查程序；若双方未达成一致，则申请人和代理从业人员需要进一步完善针对审查意见通知书的意见陈述，继续修改申请文件，并正式提交至国家知识产权局以供开展后续审查。

（2）电话讨论。

除会晤外，《专利审查指南》同样允许申请人通过电话讨论的方式与审查员就申请文件中存在的问题进行电话讨论。同样，如果申请人与审查员通过电话讨论达成了后续处理的一致性意见，申请人依然需要正式向国家知识产权局提交达成一致意见后的意见陈述书和申请文件替换页，审查员将依据正式的书面意见进行后续审查；反之，若双方无法通过电话讨论达成一致，则申请人和代理从业人员应当着手准备正式的书面意见陈述和申请文件替换文件的撰写工作，继续在正式的审查程序中就双方的分歧展开讨论。

需要说明的是，为不断提升我国专利审查的效率，国家知识产权局不断探索畅通申请人与审查员的沟通交流渠道，并鼓励申请人通过会晤、电话讨论等方式加强与审查员的沟通，从而促进审查效率提升。因此，在实际从业过程中，如若对审查意见存在不解或是申请人以及代理从业人员认为通过电话讨论以及当面会晤等形式有利于澄清误会，国家知识产权局欢迎申请人以及代理从业人员通过上述方式与审查员进行讨论，并将继续为双方的顺畅沟通提供制度保障。

2. 对视为撤回通知书的处理

对于申请人未能在审查意见通知书规定的期限内进行答复的案件，国家知识产权局会发出视为撤回通知书。

当申请人收到视为撤回通知书后，专利代理从业人员应根据实际情况考虑进行下一步工作。首先，若在收到审查意见通知书后，申请人明确指示不再进行答复，那么代理从业人员不必再进行后续的处理；反之，则应当提醒委托人考虑是否提出恢复请求。若委托人指示须提出恢复请求，则应当在收到该通知书之日起2个月内提出恢复权利请求，同时须缴纳恢复权利请求费，并针对审查意见通知书提出相应的意见陈述、必要时应提交申请文件的修改替换页。

此外，若申请人在审查意见通知书规定的期限内已提交意见陈述但依然收到视为撤回通知书，专利代理从业人员应当主动提交恢复权利请求书以及缴纳相关费用并再次提交意见陈述书，以避免权利无故失效给申请人带来不必要的损失，同时可再提供申请人已按要求在规定期限内针对审查意见通知书进行答复的证据，待国家知识产权局核实后可退回缴纳的恢复权利请求费用①。

3. 对驳回决定的处理

在发明专利实质审查过程中，若申请人对申请文件的修改以及针对涉及驳回条款的审查意见的答复无法得到认可，则国家知识产权局可能在符合时机的前提下做出驳回决定。

专利代理从业人员收到国家知识产权局发出的驳回决定后，应当第一时间将驳回决定转交委托人，并充分分析驳回理由是否合理，在反馈驳回决定时一并就后续处理提出相应的建议②。

如果经分析认为驳回决定的驳回理由不正确或有待商榷，存在通过复审程序撤销驳回并最终获得授权的可能，则可向委托人说明具体情况，由其决定是否提出复审请求。若驳回决定中存在明显的错误，例如驳回决定中使用的证据时间不可用等缺陷时，可明确告知委托人应当提出复审请求。

若驳回决定的理由基本正确，那么专利代理从业人员则应当全面分析案情，判断案件是否还有回旋余地。若经核实发现可以通过对申请文件的修改克服驳回决定中指出的缺陷，则应该将具体的理由和明确的修改方式告知委托人，由其决定是否通过修改申请文件的方式在复审程序中争取撤销驳回决定，由委托人决定是否启动复审程序。如果经分析认为驳回决定的理由、针对的事实和证据均正确，申请确实没有授权前景，可简单告知委托人存在法律救济途径，由委托人自行决定是否启动复审程序。对于这

---

① 吴观乐. 专利代理实务［M］. 3 版. 北京：知识产权出版社，2015：506.
② 吴观乐. 专利代理实务［M］. 3 版. 北京：知识产权出版社，2015：506-507.

类情形，若委托人意见是启动复审程序，专利代理从业人员应说明通过复审程序撤销驳回决定存在较大的困难，一并说明具体的理由，由委托人最终确定是否提出复审请求。需要强调的是，对于上述情形，即便国家知识产权局发出的驳回决定存在程序问题，且国家知识产权局专利局复审和无效审理部因为该程序问题做出了撤销驳回的复审决定，但在驳回决定中的驳回理由以及其针对的事实和证据正确时，国家知识产权局做出驳回决定的原审查部门后续在克服了程序问题后，依然有可能以与被撤销的驳回决定中相同的理由和证据再次做出驳回决定，这样的做法并不违反《专利审查指南》相关规定。

若申请人一旦决定提出复审请求，专利代理从业人员应当根据实际情况尽快完成复审请求书，必要时还应对申请文件进行必要修改，并注意在收到驳回决定之日起3个月内向国家知识产权局专利局复审和无效审理部提出复审请求以使案件进入复审程序。

4. 对授予专利权通知书的处理

在发明专利实质审查过程中，若未发现驳回理由，国家知识产权局将发出授予发明专利权通知书和办理登记手续通知书，此时意味着发明专利申请即将获得授权。但是，这并不表示代理工作已经结束，相反，后续应当继续就授权的相关手续提供代理服务。

在收到国家知识产权局发出的授权通知书后，专利代理从业人员应当在《专利法》规定的期限内协助申请人办理专利登记手续。在此期间，专利代理从业人员应当重点关注授权通知书中针对的授权文本是否正确。若该通知书针对的文本存在错误，应当及时和审查员进行沟通并启动授权更正程序，确保在授权公告时公告正确的授权文本。除上述事务外，还应当根据委托人的指示，核查是否存在其他需要办理的手续。在完成上述工作后，帮助委托人办理登记手续。需要说明的是，若国家知识产权局发出授权通知书起2个月期限届满时申请人依然未办理登记手续，则国家知识产权局将发出视为放弃取得专利权通知书。此时专利代理从业人员应当与委托人确认导致该情形的原因，若非委托人主观原因导致的，则应当尽快向委托人说明存在的问题并着手消除相关缺陷以及提出恢复权利请求，以确保委托人获得应当获得的权利①。

在申请人收到授权通知书、完成了办理登记手续且国家知识产权局正式发出授权决定并予以公告后，专利代理从业人员还可以有其他工作内容。后续，专利代理从业人员还可以为委托人处理专利年费缴纳、处理专利权终止通知书、签订专利实施许可合同（转让合同/质押合同）、处理专利权无效宣告请求审查程序、解决专利侵权纠纷（专利权归属纠纷）等类型的事务，这些内容在此书不再详细说明。

第三节 专利代理与社会反馈

一、国家知识产权局社会反馈工作简介

近年来，随着我国专利申请数量的持续增加，创新主体对专利审查质量提出了更高的要求。同时，针对我国专利事业大而不强、多而不优的形势，国家知识产权局就如何提升专利审查质量以更好支撑我国知识产权强国建设的战略目标进行了深入探索。其中一项举措就是构建专利审查质量的外部反馈机制，多渠道了解社会公众对国家知识产权局专利审查工作的意见和建议，以发现存在的问题并加以改进。

早在2008年，国家知识产权局已逐年组织开展专利审查质量社会满意度调查工作②，同时，国家知识产权局还通过信访、电话咨询等多种方式积极收集社会公众对专利审查工作的意见和建议。

为了更广泛听取社会意见、进一步拓展社会公众反馈意见的渠道，2011年，国家知识产权局开通专利审查质量投诉平台。通过该平台，社会公众可在线提交针对专利审查各环节工作质量的意见和建议。相对于信

---

① 吴观乐. 专利代理实务 [M]. 3 版. 北京：知识产权出版社，2015：508 – 509.
② 胡姝阳. 以外部质量反馈机制促审查质量持续提升 [N]. 中国知识产权报，2016 – 06 – 17 (4).

访、电话咨询等途径提交反馈意见，通过专利审查质量投诉平台反馈意见和建议具有响应速度快、便于描述问题等优点，因此专利审查质量投诉平台自上线以来，逐步成为国家知识产权局的主要外部反馈渠道。根据社会公众的需求，国家知识产权局于 2019 年将专利审查质量投诉平台进一步升级为审查业务评议平台，社会公众可对三种专利的全流程审查质量进行评价（包括正面评价和负面评价）。

同时，为加快外部质量反馈意见的响应速度，国家知识产权局制定了相应的管理办法，明确了组织机构、部门职责、处理时限和处理方式等内容，而国家知识产权局的下属部门以及直属单位也在此基础上进一步形成各部门单位的规章制度，从而形成了完整的外部反馈处理机制。

根据当前的外部反馈处理机制，国家知识产权局各部门单位接收到外部反馈后，会对反馈意见进行分类，涉及质量投诉的意见，通常由专人将反馈意见反馈至相关处室并组织开展质量检查、会审等工作，核实相关案件的审查是否存在问题并针对反馈意见进行答复。对于处于审查过程中还未结案的外部反馈，为进一步保证审查质量和后续的审查决定结论正确，审查员在进行下一步处理前通常需要经过业务把关后方能正式出案。同时，国家知识产权局会组织各审查部门单位定期对外部反馈案件的分析和总结情况，以期通过个案发现普遍存在的问题并予以解决，从而全面提升专利审查质量。可见，当前国家知识产权局的外部反馈处理机制不仅关注个案的审查质量，而且还通过反馈发现问题并力求解决，以期真正起到倾听社会反馈意见，进而实现"标本兼治"的效果。

根据国家知识产权局制定的《专利审查质量保障手册》，国家知识产权局通过运行 PDCA 循环管理模式进行审查质量运行控制，其中外部质量反馈是 PDCA 循环中检查（Check）环节的重要手段。当前，国家知识产权局将持续完善"内外双监督、双评价"① 的质量管理模式，从而不断推进我国专利审查质量的提高。而外部质量反馈这一途径也将作为"外部监

---

① "内外双监督，双评价"是指：内部监督——国家知识产权局质量监督员监督各部门单位的质量工作；外部监督——社会公众通过审查业务评议平台等渠道监督国家知识产权局审查工作；内部评价——国家知识产权局成立质量评价工作组全面评价各部门单位的审查质量；外部评价——国家知识产权局委托第三方机构开展社会满意度调查。

督"的重要手段继续发挥作用，助力国家知识产权局专利审查质量提档升级。

二、当前存在的问题

通过外部质量反馈机制，国家知识产权局广泛收集了社会公众的意见和建议，并切实从外部反馈案件中发现国家知识产权局普遍存在的问题并采取针对性措施予以改进，这对国家知识产权局的专利审查整理质量提升起到了良好的促进作用，有利于国家知识产权局早日实现建设世界强局的目标。

前文已经介绍，国家知识产权局的外部质量反馈机制的目的主要在于发现问题并予以解决，从而促进专利审查质量的提升。因此，该机制主要针对的问题包括审查员责任和服务意识不到位导致的问题或国家知识产权局存在的影响专利审查质量的普遍问题。通过外部反馈机制，国家知识产权局一方面希望不断提升专利审查服务质量，另一方面也针对外部反馈发现的普遍问题采取有效措施予以纠正。

通过对国家知识产权局专利局专利审查协作广东中心近年来接收的外部反馈意见进行统计分析，发现来自代理机构的外部反馈往往更能帮助中心发现问题并予以改进；而来自创新主体（尤其是没有委托代理机构的创新主体）的外部反馈总体上对中心审查质量改进的帮助小于来自代理机构的外部反馈，部分来自创新主体的外部反馈甚至对审查工作造成了一定的影响。导致该情况的原因，一是由于部分创新主体对我国专利制度不了解，无法理解审查意见通知书的含义，二是部分创新主体简单认为通过外部反馈渠道即可保证专利申请获得授权。

1. 创新主体对专利制度不了解导致外部反馈

经分析，来自创新主体的外部反馈意见中，有相当比例的反馈是由于创新主体对专利制度不够了解造成的。由于国家知识产权局各部门单位均对外部反馈案件比较重视，通常都会加强对反馈案件的质量把关力度，因此需要组织人力对案件进行分析和答复。但这类案件通常不会存在明显的问题，这不仅无法帮助国家知识产权局改进审查工作，反而造成了审查人力资源的浪费。更有甚者，部分反馈人在反馈意见中使用人身攻击的语句，给审查工作带来一定干扰。可见，这类外部反馈意见不但与国家知识产权局建立外部质量反馈机制的初衷不符，甚至在一定程度上扰乱了正常的审查秩序，不利于国家知识产权局审查工作的持续改进。

接下来，简单介绍审协广东中心接收到的外部反馈中属于此类型的典型外部反馈案例。

案例 12

[**案情**] 某案，审查过程中审查员使用同一申请人在先申请并公开的专利文献作为最接近的现有技术评述申请的创造性。申请人不了解专利法意义中的"现有技术"的含义，认为审查员使用其在先申请的专利文献评述在审申请的创造性是审查员主观上为难申请人，从而向相关渠道进行了投诉。

[**解析**] 从该案的审查过程来看，审查员使用申请人在先申请并公开的专利文献评述申请人当前在审案件的创造性的做法完全符合法律要求，但由于申请人对专利制度不了解，对审查员产生了误解并进行了投诉，造成了相关审查资源的浪费。

案例 13

[**案情**] 某案，申请人声称其发明了一种不需要能源输入即可对外做功的机械装置，申请人在申请文件中指出其利用磁铁的同极相斥原理使得该发明不断推动转子旋转从而产生了能量。可以看出，该申请属于"永动机"的一种。因此，审查员在审查意见中深入分析了其发明不符合能量守恒原理的原因，并基于此指出该案不具备《专利法》规定的实用性。

然而，申请人并不认同审查员的审查意见，在无法实际制备出相应产品的前提下，仅仅试图通过演示动画向审查员说明其发明符合《专利法》的规定。审查员在通过审查意见通知书详细说明其审查意见的依据的基础上，按照相关法律规定做出驳回决定。

申请人依然不认同驳回决定的观点，但其并未通过后续的复审程序提出反对意见，仅仅通过各种外部质量反馈渠道提交投诉，并希望审查员撤回驳回决定，最终因延误提交复审请求的时机导致该申请错失后续救济。

[解析] 虽然该案存在无法克服的缺陷，但该投诉依然体现出申请人不了解《专利法》规定的相关救济程序，试图通过投诉改变审查决定，最终导致其专利申请失效。此外，该案申请人采用了多种渠道投诉，审协广东中心耗费了大量的人力与申请人讨论该案技术方案并解释相关法律规定，导致审查资源的严重浪费。

案例 14

[案情] 某案，申请人提交的原始申请文件极其不规范，权利要求书中包括"图1、图2、图3"等图片以及相关论述。由于申请文件中部分内容相对审查员使用的对比文件具有新颖性和创造性且申请人对《专利法》相关规定不够了解，审查部门组织会审工作讨论如何修改申请文件可以确保案件获得授权，达成一致意见后，审查员指导申请人进行了文件修改并基于修改后的申请文件作出授权决定。

由于该案创造性不高，该案获得授权后社会上并无相关方希望实施该专利。然而，申请人认为导致其专利无人问津的原因在于审查员误导其删除了权利要求书中的相关图片和论述使得该专利权失去了价值，并最终通过外部反馈渠道投诉审查员。

[解析] 从该反馈可以看出，申请人本人不了解《专利法》的相关规定和审查意见的含义，产生了对审查员的误解并选择通过投诉解决该问题。

案例 15

[案情] 某案，申请人原始提交的申请文件内容较少，权利要求书仅一句话，说明书也仅有几段，描述该案技术方案的内容只有一段，无具体实施方式。在审查过程中，申请人在申请文件中引入了大量的未记载在原始申请文件中的内容，存在明显的修改超范围缺陷，并且在历次修改过程

中均未克服上述缺陷，最终审查员因修改不符合《专利法》第三十三条的规定作出驳回决定。综合申请文件的撰写情况看，该案审查过程并无不当，驳回决定的作出也符合《专利法》《专利法实施细则》以及《专利审查指南》的规定。

然而，由于申请人对专利审查的规定不够了解，不理解审查员发出的审查意见通知书和驳回决定的原因，仅因《专利法》第三十三条规定了"申请人可以对申请文件进行修改"就忽略了其对修改方式的限定，通过审查业务评议平台提交了反馈意见，认为审查员违反了《专利法》第三十三条的规定。工作人员通过审查业务评议平台向申请人解释了《专利法》第三十三条的含义以及相关的规定，然而申请人依然无法理解相关规定，再次提交了投诉。

[解析] 从该案审查过程中看出，由于申请人对《专利法》《专利法实施细则》《专利审查指南》的规定严重不了解，导致其撰写的申请文件质量低下、无授权前景并且无法准确理解审查意见通知书和驳回决定的含义，从而多次进行投诉，造成了审查人力的浪费。

上面列举的4个外部反馈案例都属于由于反馈人对专利审查制度不了解导致的投诉的情况，通过这些案例更体现了专利代理工作在专利申请流程中的重要性。一方面，专利代理从业人员能够根据审查意见对文件进行合理地修改和答复，降低因低质量答复审查意见导致的有授权前景的案件无法获得授权的风险；另一方面，专利代理从业人员能够向委托人解释审查意见的依据和含义，避免因相关人员对专利审查制度不够了解导致的外部反馈的发生。

2. 创新主体对国家知识产权局外部反馈工作的目的不了解导致外部反馈

前文介绍了国家知识产权局建立外部质量反馈机制的主要目的在于广泛采纳社会公众对我国专利审查工作的意见和建议，并在此基础上以问题为导向有针对性地改进工作并促进审查质量的不断提升。

因此，国家知识产权局期望通过外部质量反馈机制发现以下几种问题并予以解决：①审查责任意识、服务意识不到位的问题；②审查标准不一致的问题；③系统性审查质量问题；④其他影响专利审查质量的重大问题。上述问题直接影响国家知识产权局的形象和审查质量，若能够解决上述问题，必将为国家知识产权局实现建设世界一流审查机构的目标提供有力支撑。

但是，在实际的工作中，发现部分反馈人（以未委托代理机构的创新主体为主）对国家知识产权局建立外部反馈机制的目的不够了解，一旦接收到对其不利的审查意见，不考虑通过正常的意见陈述手段与审查员进行沟通交流，而是首先选择进行外部反馈；更有甚者，部分反馈人将提交外部反馈视作促使其专利申请获得授权的手段并试图使用外部反馈替代正式的审查程序。但是，由于专利审查质量外部反馈机制并非《专利法》及《专利法实施细则》规定的审查环节，这种类型的外部反馈不但无法解决审查意见中指出的问题并促使申请获得授权，甚至可能耽误申请人对审查意见的答复从而给申请人造成更大的损失（部分反馈人由于对审查程序不了解，提交外部反馈后就不再进行意见陈述）。

在实际的外部反馈处理工作中，典型的情况是申请人针对审查意见提交相应的意见陈述后，再将意见陈述内容通过外部反馈渠道进行反馈。根据处理外部反馈的经验来看，这种类型的外部反馈针对的案件审查过程中通常不会存在前文提到的国家知识产权局期望解决的问题，并且案件的审查意见结论通常不存在问题。案例16就属于典型的申请人不了解国家知识产权局审查系统和投诉系统职能的情况。

案例16

[案情] 某系列申请申请人，针对其在审的申请多次进行投诉，投诉的内容和其针对审查意见通知书的意见陈述的内容完全一致。由于该申请人针对其申请的多件案件进行了多次投诉，审查部门与申请人进行了沟通，通过沟通了解到申请人进行投诉并非认为审查员对案件的审查存在问题，而是希望通过投诉的方式使自己的案件得到审查部门的重视从而确保案件得到授权。

[解析] 可见，该案申请人并不了解国家知识产权局的"双监督、双评价"工作机制，错误地将审查系统和投诉系统的职能混为一谈。事实上，通过投诉的手段并不能使不具备授权前景的案件获得授权。此外，由

于国家知识产权局重视外部监督，通常情况下各审查部门和单位针对被投诉的案件花费的质量保障精力远远大于普通案件，这种仅仅以使申请获得授权为目的的投诉将极大地浪费审查资源，不利于我国专利审查整体质量的提升。

因此，从国家知识产权局的角度，建议创新主体避免仅仅因为审查员给出了不利于申请获得授权的审查意见就进行投诉，而是应该通过正常的审查程序与审查员进行沟通交流以澄清审查意见中指出的问题。当然，如果审查过程中存在审查员未履职尽责、审查标准不一致、审查中出现系统性质量问题等情况时，国家知识产权局十分欢迎社会公众通过各种渠道将这些情况反馈给相关部门和单位。同时，国家知识产权局也必将正面面对发现的问题并予以改进，在社会公众的监督下不断提升审查质量，加快建设世界强局的脚步。

三、专利代理行业在国家知识产权局外部质量反馈工作中应起的作用

国家知识产权局建立外部质量反馈机制以来，深入了解社会公众对专利审查质量的意见和建议，并在此基础上采取了有效措施予以纠正，有效提高了国家知识产权局的审查质量。但如前文所述，由于部分反馈人对专利审查制度和外部质量反馈机制的目的不够了解，导致了部分外部反馈未能有效发挥作用，甚至扰乱了正常的审查秩序。在这样的背景下，专利代理的意义更加凸显。

本书的第一章介绍了专利代理行业的主要业务范围，其中最核心的便是受委托人委托实施专利申请的撰写提交和答复等工作。兼具工科背景和《专利法》相关知识的专利代理从业人员介入到专利申请过程中能够有效提升专利申请及审查的效率，同时也能够避免审查过程中因创新主体对专利制度不够了解带来的误会。此外，作为业内人士，专利代理从业人员相对对专利制度不够了解的部分申请人更能够发现国家知识产权局专利审查工作存在的问题。

所以，专利代理从业人员可以从以下几方面协助国家知识产权局提升

外部质量反馈工作的成效。

第一，若委托人无法正确理解审查意见的含义，尽可能用容易理解的方式结合《专利法》《专利法实施细则》《专利审查指南》的相关规定向委托人解释国家知识产权局专利局发出的审查意见通知书的含义，以消除误会避免无意义的外部反馈。

第二，更好地协助委托人实施专利申请及审查程序中的相关事务，避免委托人因对专利申请及审查相关程序不够了解而带来的损失。

第三，对于处理专利申请过程中发现的审查环节中存在的严重影响我国专利审查信誉以及质量的问题（例如审查员履职尽责不到位、审查标准执行不一致、系统性质量问题），国家知识产权局欢迎专利代理行业通过相关渠道客观、准确地反馈相关问题。国家知识产权局各审查部门单位也必将正视反馈人提出的诉求，对于尚处于审查流程中的案件将在后续程序中予以纠正，同时针对问题会采取相应措施以避免同样的问题反复出现。

总之，国家知识产权局希望与专利代理从业人员一起充分发挥国家知识产权局专利审查质量反馈机制的作用，通过不断解决该机制发现的问题推动我国专利审查质量的持续提升。

第三章

PCT 国际申请的专利代理

　　1883 年，包括英国、法国等 14 个国家在巴黎签订的《巴黎公约》通过明确专利地域性原则、国民待遇原则和优先权原则等基本原则，使发明人在国外获得专利权保护成为可能。

　　随着社会进步，专利制度不断完善和发展，在多个国家获得专利权保护成为申请人的普遍需求。根据《巴黎公约》的规定，申请人需要在他国获得专利权保护的，应该向目标国专利局提交申请，经目标国专利局审查后获得保护，当申请人需要向多国申请时，则需要每个国家的专利局均就相同的发明进行审查，增加了申请人和专利局的工作量[①]。

　　在这样的背景下，PCT 应运而生，该体系的建立克服了《巴黎公约》专利体系中存在的问题，极大地提升了申请人向国外申请专利的效率以及各国专利局的审查效率。本章将介绍专利代理行业在 PCT 国际申请相关程序中的工作。

第一节　PCT 国际申请在国际阶段的专利代理工作

　　前面提到 PCT 的建立提升了申请人向多个国家申请专利的效率以及各国审查效率，简化了重复的程序。该体系允许申请人使用一种语言向一个国家申请专利后，所有的 PCT 成员国均认可其申请日。而对于专利审查程序而言，该申请的形式审查由申请人提出申请的专利局（受理局）进行，并在一个检索单位完成初步检索、出具检索报告后，由国际局予以公布。以上阶段称为 PCT 国际申请的"国际阶段"。本节介绍 PCT 国际申请在国际阶段中专利代理从业人员负责的相关工作。

---

　　① 杨丹. 国际专利申请（PCT）知多少［EB/OL］.（2020 - 01 - 06）. https：//mp. weixin. qq. com/s/1qOQVetL2F6pq_ REE6O8Xw.

一、PCT 国际申请利弊分析

前面已经提到，PCT 体系为申请人提供了一种简化的申请程序，大大提升了申请和审查效率，那么在实践中，通过 PCT 体系申请专利具有哪些利弊呢？

对于申请人而言，通过 PCT 体系申请专利可以获得更充裕的时间决定是否需要进入其他国家寻求专利保护。传统的《巴黎公约》申请方式，申请人如果需要向他国申请专利，需要在首次申请的 12 个月内向其他国家提交专利，申请方可享受其在先申请的优先权。因此，在《巴黎公约》体系下，留给申请人调研、了解其他国家技术发展状况并决策是否向其他国家申请专利的时间比较仓促，可能导致申请人的决策存在偏差。但在 PCT 体系中，进入其他国家的时间可延长至首次提交专利申请之日的 30 个月内，给予申请人充裕的时间进行调研和决策。

申请人提交国际申请后，国际检索单位将出具检索报告，申请人还可根据需要提出国际初步审查请求。通过这些程序，可帮助申请人充分了解现有技术状况以及申请文件中存在的缺陷，并进行相应的修改，从而提升申请文件质量。

因此，通过 PCT 体系申请专利的主要优点在于申请手续简化，可较早对案件的授权前景有一个初步的了解，申请人拥有更充裕的时间决定向哪些国家申请专利。

但是从前文也可以看出，通过 PCT 体系申请专利之所以能够有更充裕的时间供申请人决策是因为申请人"花钱买时间"。由于 PCT 体系是"申请体系"而不是"授权体系"，在国际阶段，申请人缴纳的费用仅仅是获得国际申请日和申请文本，申请人要获得授权依然需要进入各国。因此，若委托人表达了希望通过 PCT 体系向国外申请专利的想法，专利代理从业人员应该说明 PCT 体系仅是申请体系，如果要在他国获得专利权保护，依然需要进入相应的国家阶段而无法一劳永逸。在说明这些情况后，专利代理从业人员还应深入了解委托人的目的并据此提出合理的意见和建议①。

二、PCT 国际申请以及国际申请国际初步审查的提出

1. PCT 国际申请的提出

一旦委托人决定提出 PCT 国际申请，专利代理从业人员应着手准备相关申请文件。在我国，通常 PCT 国际申请的受理局为国家知识产权局。在这里，介绍向国家知识产权局提出 PCT 国际申请的相关事宜。

提出 PCT 国际申请前，须着手以下几方面的准备工作②。

首先，需要明确提交国际申请的语言。PCT 体系允许申请人以一种语言提出国际申请，国家知识产权局接受的国际申请语言包括中文和英文，应当根据委托人的要求选择申请文件的语言。通常情况下，申请人会选择中文作为申请文件语言向国家知识产权局提交国际申请；但若申请人进入其他国家寻求专利保护的倾向性比较大，也可建议申请人以英文作为申请文件语言。

其次，应当明确指定的国家与保护类型。这里主要是指明确申请人需要重点寻求保护的国家，同时申请人在进入国家阶段时可选择寻求发明专利保护还是实用新型专利保护。

再次，确定是否包括优先权请求。如果国际申请需要请求优先权，应当注意需要在优先权日起 12 个月内提出。需要注意的是，根据《专利合作条约实施细则》的规定，国家知识产权局作为受理局可接受因正当理由而延误优先权期限的恢复优先权请求，该恢复优先权请求可在自优先权日起 14 个月内提出并一并提交国际申请。

最后，完成上述工作后应当确定申请文件内容，包括说明书、权利要求书和必要的附图，尽可能准备内容完备的申请文件，确保进入国家阶段

---

① 吴观乐. 专利代理实务 [M]. 3 版. 北京：知识产权出版社，2015：630 – 632.
② 吴观乐. 专利代理实务 [M]. 3 版. 北京：知识产权出版社，2015：632 – 633.

后的相关修改有依据。要提交一件国际申请应当提交如下文件①。

① PCT 请求书，即 PCT/RO/101 表，该请求书应按照《专利合作条约实施细则》第四条的要求进行填写。

② 说明书，根据《专利合作条约实施细则》第五条的规定撰写，内容包括发明名称、技术领域、背景技术、发明内容、附图说明、实施方式和工业实用性，如果有序列表，则新增序列表和序列表自由内容部分。

③ 权利要求书，权利要求书应该符合《专利合作条约实施细则》第六条的规定。

④ 说明书附图，应当符合《专利合作条约实施细则》第七条的规定。

⑤ 摘要，应当符合《专利合作条约实施细则》第八条的规定。

⑥ 专利代理委托书、生物材料保藏证明等。

2. PCT 国际申请国际初步审查的提出

启动国际初步审查程序需要注意请求期限。请求期限应当在自优先权日起 22 个月内或者收到国际检索单位的书面意见之日起 3 个月内（上述两个期限以后到期者为最后期限）提出，并提交请求书和缴纳相应的手续费。上述请求书即 PCT/IPEA/401 表，应根据《专利合作条约实施细则》第五十三条的规定填写②。

国际初步审查程序是一个非必需程序，专利代理从业人员应该向申请人说明启动国际初步审查程序的相关要求和作用，由申请人自行决定是否启动该程序。当前，决定是否启动国际初步审查程序的主要因素在于申请人是否需要在国际阶段进行修改。如果需要，那么只有在提出国际初步审查要求的同时或以后，申请人才能对国际申请的申请文件进行修改，并且相关修改才能被国际初步审查单位考虑并进行初步审查。因此，专利代理从业人员应根据申请人的需求合理建议申请人是否提出国际初步审查要求③。

---

① 审查业务管理部. PCT 国际检索与国际初步审查实务手册 [M]. 北京：知识产权出版社，2012：10 – 11.

② 审查业务管理部. PCT 国际检索与国际初步审查实务手册 [M]. 北京：知识产权出版社，2012：128.

③ 吴观乐. 专利代理实务 [M]. 3 版. 北京：知识产权出版社，2015：633 – 634.

三、涉及 PCT 及《专利合作条约实施细则》规定的缺陷在国际阶段的改正

在国际阶段，完成国际阶段程序不仅需要提交达到国际申请最低要求的相关文件，而且提交的相关内容还需要在形式上符合 PCT 及《专利合作条约实施细则》的规定。因此，若提交的相关文件存在缺陷，申请人需要克服缺陷后方能完成国际阶段的程序[①]。

若申请人提交的相关文件存在 PCT 第十四条列举的缺陷，受理局将发出改正通知并要求申请人在规定时间内予以改正，若未能在规定时间内改正则申请将被视为撤回。因此，若收到受理局发出的补正通知书，专利代理师应当十分慎重并及时告知申请人予以克服。

PCT 第十四条规定的可以改正的缺陷包括：未按要求签字；未按要求说明申请人情况；没有发明名称；没有摘要；国际申请不符合《专利合作条约实施细则》第十一条规定的形式要求等。当收到受理局发出的改正期限通知后，只要在规定期限内克服相关缺陷就不会影响国际申请的正常程序与效力。

四、申请文件的修改和更正

根据 PCT，申请人在国际阶段有多次机会对申请文件进行修改，但是，这样的修改均有明确的时间和范围要求，专利代理从业人员应该关注这些规定以及修改后给国家阶段带来的后果。

1. 优先权的改正或增加

申请人提交的国际申请如果存在优先权信息填写错误或遗漏优先权的问题，可以根据《专利合作条约实施细则》第二十六条之二的规定，自优先权日起或发生变动的优先权日起 16 个月内（以先届满的期限为准）提出改正请求。需要关注的是，这样的修改只能对明显的优先权错误进行改

---

① 吴观乐. 专利代理实务［M］. 3 版. 北京：知识产权出版社，2015：633.

正，进行改正后将公布改正后的优先权日，并以此优先权日作为计算各种期限的依据①。

尤其需要注意的是，如果申请人未能在规定期限内进行改正，公开的优先权信息将是错误的，且在国际阶段没有再次改正机会，想克服这样的错误只能在进入国家阶段时进行，但是并不是所有的国家都允许进行这样的改正。因此，如果国际申请存在优先权信息的错误，这16个月至关重要。

2. 遗漏文件的补充

如果提交的国际申请中遗漏了包括说明书、权利要求书等在内的部分内容，可在规定期限内进行补交。

补交申请文件可通过两种途径进行。第一种方式是直接补交遗漏部分的内容使申请文件完整，但这样的操作将导致国际申请日发生变化，补交文件的日期将作为新的国际申请日。第二种方式需要满足以下条件，首先国际申请需要要求优先权，其次遗漏的申请文件的内容包含在在先申请中。如果同时满足这两个条件，可根据《专利合作条约实施细则》第四条第十八款和第二十条第六款规定的援引加入方式将相关内容补交给受理局，这种方式可以保留最初的国际申请日。但是需要关注的是，部分PCT成员国在国家阶段不接受通过援引加入条款补交的内容②。

3. 对申请文件的修改

如下文所述，申请人在国际阶段有两次修改申请文件的机会。

（1）根据PCT第十九条和《专利合作条约实施细则》第四十六条的修改。

申请人可在国际检索报告寄送日2个月内或者自优先权日起16个月内（以后到期者为准）向国际局提出修改权利要求书的请求。

需要注意的是，进行这样的修改提交的替换页的语言应当与国际申请提交时使用的语言一致。此外，提交修改的权利要求书时还应同时提交一

---

① 吴观乐. 专利代理实务 ［M］. 3版. 北京：知识产权出版社，2015：634.
② 吴观乐. 专利代理实务 ［M］. 3版. 北京：知识产权出版社，2015：634.

份声明，说明修改的内容和位置，同时最好说明修改的依据①。

（2）根据 PCT 第三十四条和《专利合作条约实施细则》第六十六条的修改。

此修改是国际初步审查程序中对申请文件进行修改的机会。在申请人缴纳国际初步审查阶段的各项费用之后、国际初步审查单位作出初步审查报告之前，申请人可通过口头和书面方式向国际初步审查单位提出对国际申请的权利要求书、说明书及说明书附图等申请文件进行修改的请求并进行相应修改，修改不得超出原始提交的国际申请对发明公开的范围②。

收到国际初步审查单位发出的书面意见后，申请人可在收到书面意见通知之日起 2 个月内针对书面意见进行意见陈述，也可对权利要求书和说明书进行修改。

这个阶段进行的修改除克服明显错误外，还可对权利要求书、说明书和附图的内容进行修改，包括删除权利要求、说明书段落和附图。

修改的文件替换页使用的语言应当与国际公布时使用的语言一致，在提交修改文件的替换页的同时，应当同时提交一份声明，说明修改的内容和位置，并解释修改的原因和理由。

（3）明显错误的改正。

《专利合作条约实施细则》第九十一条规定，申请人可以申请对国际申请文件中的明显错误进行更正。这里提到的明显错误是指申请文件中属于明显非本意书写的内容，而且更正的方式应当是任何人都能确定的唯一的修改方式；如果申请人需要进行这样的更正，应当自优先权日起 17 个月内向受理局或国际局提出请求。但如果申请人遗漏了国际申请的整个部分或者整页，则无法进行更正③。

需要提醒的是，根据《专利合作条约实施细则》第九十一条规定，更

---

① 审查业务管理部. PCT 国际检索与国际初步审查实务手册［M］. 北京：知识产权出版社，2012：132.

② 审查业务管理部. PCT 国际检索与国际初步审查实务手册［M］. 北京：知识产权出版社，2012：132.

③ 审查业务管理部. PCT 国际检索与国际初步审查实务手册［M］. 北京：知识产权出版社，2012：139.

正请求不一定能够被允许，如果相关请求被驳回，可书面请求国际局将改正请求和国际申请一起公开并提交给相关单位。该请求应当自优先权日起17个月前提交到国际局，并缴纳相应的费用。

（4）著录项目的变更。

在国际阶段可向国际局提出变更请求，变更包括申请人、发明人、代理人的名称、译名等事项在内的国际申请著录项目，该请求可直接向国际局提交也可交给受理局转交。上述变更的期限是自优先权日起30个月内提出请求，如错过此阶段则只能在国家阶段进行变更。

需要注意的是，如果需要变更申请人，该请求应由新的申请人提出，并说明变更原因。

五、其他事务处理以及应当注意的问题

1. 监控国际阶段的期限

前文已经多次提到，虽然国际申请提供了简化的申请程序，但是整个国际申请环节中对各种程序的期限要求十分严格。作为专利代理从业人员，应当监控这些期限并向委托人说明各期限的意义与重要性。在 PCT 程序中，比较重要的期限如下[①]。

① 提交国际申请的期限：自优先权日起 12 个月内提出国际申请，取得国际申请日。

② 获得国际检索报告的时间：提交国际申请后 3～4 个月可收到国际检索报告。

③ 根据 PCT 第十九条修改权利要求书的期限：自国际检索报告寄送日起 2 个月内或者自优先权日起 16 个月内（以后到期者为最后期限）提交修改请求。

④ 国际申请的国际公布时间：一般是自优先权日起 18 个月进行国际公布。

⑤ 提出国际初步审查要求的时间：自优先权日起 22 个月内或者在收

---

① 吴观乐. 专利代理实务［M］. 3 版. 北京：知识产权出版社，2015：636－637.

到国际检索局的书面意见之日起 3 个月内（以后到期者为最后期限）。

⑥ 根据 PCT 第三十四条规定的修改时间：提交国际初步审查要求的同时或者在收到国际初步审查意见后 2 个月内，至少在国际初步审查报告制作之前。

⑦ 获得国际初步审查报告的时间：一般是自优先权日起 28 个月内。

⑧ 进入国家阶段的时间：自优先权日起 30 个月内。

⑨ 延误进入国家阶段的恢复期限：自优先权日起 42 个月内。

在国际申请程序中，专利代理从业人员应当熟知上述期限并准确监控案件的期限，尤其是提出国际申请、提出国际初步审查以及进入国家阶段的这三个期限要严密监控，如果错过将给申请人带来无法挽回的损失。

2. 关注 PCT 的发展

整体上，PCT 以及《专利合作条约实施细则》在不断朝着简化手续、简化程序、方便申请人利用的方向发展。专利代理师应该时刻关注 PCT 体系的发展，把握 PCT 法律文件的要求，确保代理工作符合 PCT 的相关要求[1]。

在此基础上，代理人员还要关注 PCT 或《专利合作条约实施细则》的条款修改生效后是否在申请人希望进入的成员国生效。

最后，PCT 有关法律文件条款的修改频率较高，代理人员要及时通过各种渠道了解 PCT 信息。其中较常见的渠道包括世界知识产权组织官方网站（http：//www. wipo. int）和中国国家知识产权局的官方网站（http：//www. cnipa. gov. cn）。通过上述网站，可以了解 PCT 及其法规、PCT 管理指导、PCT 申请人指南、PCT 新闻信息、PCT 国际公开信息、PCT 变化在中国实行的具体规定和解释等内容。

---

[1] 吴观乐. 专利代理实务 ［M］. 3 版. 北京：知识产权出版社，2015：637.

第二节　PCT国际申请进入国家阶段的专利代理工作

前一节介绍了PCT国际申请的概念和PCT国际申请在国际阶段的相关代理工作，本节主要介绍PCT国际申请进入国家阶段后的专利代理工作。

PCT申请程序的"国家阶段"主要指指定国对PCT申请进行审查的程序。在国际阶段程序完成之后，申请人必须按照各指定国的规定，履行进入国家阶段的行为，从而启动国家阶段的程序。PCT没有关于对"国际申请"授权的规定，是否授予专利的决定仍由申请中指定寻求保护的各个国家（或地区组织）的专利局独立完成，对发明的专利性的最终判断应依据各国（或地区组织）的专利法的规定。授予的专利权是在各国有效的国家专利（或地区专利）。这一阶段仍旧保留有传统申请程序的特征，所以叫作"国家阶段"程序。

PCT第二十二条、第三十九条规定了进入国家阶段的基本要求和期限，其中进入国家阶段的期限一般是指自优先权日起30个月内，最迟不超过自优先权日起30个月届满日。PCT的缔约国可以依据本国法另行规定进入本国的更迟的宽限期。

一、进入国家阶段的基本要求

国际申请要进入国家阶段的，应当满足PCT第二十二条和第三十九条规定的基本要求，在规定的进入国家阶段的期限内缴纳国家阶段的费用、提交国际申请的副本及其译文。

1. 进入国家阶段的期限

PCT第二十二条是对进入国家阶段期限进行规定的条款，它明确了进入国家阶段的期限为自优先权日起30个月[①]。

---

① 吴观乐. 专利代理实务［M］. 3版. 北京：知识产权出版社，2015：638.

2. 进入国家阶段的手续要求①

国际申请进入国家阶段时，应当提交国际申请的副本和译本（此为最低限度的要求）并缴纳相应的国家费用。

国际申请的副本是指原始提出的国际申请文本，通常国际局会直接将申请副本包括国际申请全部文件和国际检索报告送达各指定局。如果申请人根据 PCT 第十九条对权利要求书进行了修改，申请相关材料还包括原权利要求书和新修改的权利要求书替换页以及进行修改的理由，并声明该修改是根据 PCT 第十九条的规定进行的。

如果国际申请公布的语言与进入的国家官方语言要求不一致，应提交与进入国家官方语言一致的译本，包括说明书、权利要求书、说明书附图中的文字和摘要。若申请人根据 PCT 第十九条对权利要求书进行了修改，国际申请译文还应当包括原始提交的权利要求书和修改后的权利要求书。

在此阶段要缴纳的费用包括申请费、公布费、优先权声明费等。

二、国际申请进入中国国家阶段

以下主要介绍国际申请进入中国国家阶段的注意事项和相关工作。

1. 国际申请进入中国国家阶段的基本要求

中国成为 PCT 成员国后，为外国申请人向中国申请专利进一步提供了便利。为顺应这一趋势，中国对《专利法》以及《专利法实施细则》进行了多次修改并对国际申请作了特别规定，同时专门在《专利审查指南》中单独形成一部分对进入国家阶段的国际申请的审查工作进行规定。也就是说，进入中国国家阶段的国际申请并不是一件新的专利申请，而是国际申请的延续。

根据《专利法实施细则》的规定，国际申请要进入中国国家阶段应当满足以下要求②。

① 进入中国的期限为自优先权日起 30 个月内，如果申请人缴纳了宽

---

① 吴观乐. 专利代理实务 [M]. 3 版. 北京：知识产权出版社，2015：638.
② 吴观乐. 专利代理实务 [M]. 3 版. 北京：知识产权出版社，2015：639.

限费则可将进入中国的期限延长至自优先权日起 32 个月。

② 在此阶段需要缴纳的国家费用包括申请费、申请附加费、公布印刷费，如果申请人在进入中国时请求利用宽限期则还须缴纳宽限费。

③ 国际申请进入中国国家阶段时，如果国际申请使用的语言非中文的话，提交的文件包括国际申请进入中国国家阶段声明以及国际申请的译文和附图，该译文包括说明书、权利要求书、附图中的文字和摘要；如果国际申请使用的语言是中文，则只需提交国际公布中的摘要页和摘要附图页。

2. 国际申请在中国国家阶段的审查

国际申请进入中国国家阶段后，需经过形式审查和实质审查后才有可能获得专利权。从审查程序上来说，国际申请在国家阶段的实质审查和普通的发明专利申请的实质审查并无不同，其与普通发明专利申请相比，最大的区别在于形式审查程序区别较大。

主要需要审查的是国际申请是否在中国存在效力，主要是通过国际局传送的国际申请文本核查拟进入中国的国际申请是否指定了中国。只要确定了国际申请日并且完成国际公布的国际申请指定了中国，那么根据《专利法实施细则》的规定，应当承认该申请有正规的国家效力，受理局确定的国际申请日就是在中国的实际申请日。

进入中国国家阶段的国际申请的形式审查内容主要包括以下几方面[①]。

① 进入中国国家阶段声明中的内容是否与国际局记载的内容一致。

② 审查优先权要求是否与国际公布文本中记载的内容一致，如果申请人在国际阶段未提供作为优先权基础的在先申请号，在进入中国国家阶段时应在声明中注明该在先申请号，否则将视为未提出优先权要求；若国际申请的申请人与该申请的优先权基础的在先申请的申请人不同，国家知识产权局将审查国际公布文本中是否作出要求在先申请的优先权的声明，若未提出该声明，则国家知识产权局将发出通知要求申请人提供优先权转让证明文件。如果申请人在国际阶段未提供优先权文件，将要求申请人提供该文件。

---

① 吴观乐. 专利代理实务 [M]. 3 版. 北京：知识产权出版社，2015：639 - 640.

③ 审查国际申请的译文是否与国际公布文本中的内容相符，译文中不得对发明内容进行修改，若译文内容与原文明显不符，国家知识产权局将通知申请人改正译文错误。

国际申请进入中国国家阶段且形式审查合格后，国家知识产权局将发出初审合格通知书并进行中文公布。中文公布后，国家知识产权局将根据申请人的实质审查请求启动实质审查程序。

三、代理 PCT 国际申请进入中国国家阶段事务应当注意的问题

由于 PCT 国际申请的程序与普通专利申请的程序存在一定的区别，因而在代理 PCT 国际申请时，对专利代理的工作也提出了新的要求，专利代理从业人员在代理工作中应当理解并落实这些规定。

1. 核查国际申请是否符合进入中国的必要条件

根据 PCT 的要求，国际申请要进入中国，需要在国际阶段指定中国且应当自优先权日起 30 个月内提出进入中国国家阶段的请求。因此，专利代理人接受委托人委托，负责国际申请进入中国国家阶段的委托工作后，应当核查国际公布文本中指定国的记载以及国际申请日或优先权日的信息，判断国际申请是否具备进入中国国家阶段的条件。此外，如果国际申请的申请人未能在规定的 30 个月的期限内办理进入中国国家阶段的手续，可根据《专利法实施细则》第一百零三条的规定缴纳宽限期费用，并获得 2 个月的宽限期。因此，专利代理从业人员可与委托人充分说明相关规定，并沟通确认是否需要利用这个规定给予申请人更充裕的准备时间①。

如果国际申请的优先权基础是中国专利申请，专利代理从业人员还应核查作为优先权基础的中国专利申请在中国的状态。如果进入国家阶段的国际申请属于《专利法实施细则》第三十二条第二款规定的情形，则不能享受优先权，将在实质审查程序中进行处理。

---

① 吴观乐. 专利代理实务 [M]. 3 版. 北京：知识产权出版社，2015：640.

2. 准备国际阶段进行修改的相关文件

国际申请在国际阶段进行过修改的，修改文本一般作为专利性国际初步审查报告的附件。进入中国国家阶段时，专利代理从业人员应当明确是否以修改后的申请文件作为审查基础。如确定采用修改后的申请文件作为审查基础，应当提交修改文本的中文译文。如果来不及将修改文本译为中文，可在自进入国家阶段日起 2 个月内补交中文译文。如果错过了该阶段，修改内容在国家阶段的审查中将不予考虑①。

因此，接受国际申请进入中国国家阶段事务的委托后，专利代理从业人员要分析究竟是原始申请文件还是国际阶段修改后的申请文件作为审查文本更有利于委托人，并向委托人提出合理建议，最后根据委托人的指示确定国际申请在中国国家阶段的审查文本。

3. 正确翻译申请文件

国际申请进入中国国家阶段提交的文本为其国际申请文本的中文译文，专利代理从业人员对其的翻译应当实事求是不能随意改动。需要注意的是，即便国际申请文本中存在明显的错误，专利代理从业人员在进行翻译时也应照实翻译，然后根据 PCT 第四十一条规定的修改对错误之处进行修改②。

4. 办理国际申请进入中国国家阶段的相关手续③

国际申请要进入中国国家阶段，要填写进入中国国家阶段的书面声明、提交申请文件并缴纳国家费用。

在进入中国国家阶段的书面声明中，应当选择申请的保护类型，并填写书面声明中的栏目，包括国际申请号、发明名称、申请人名称、发明人名称等信息，且应当与国际公布文本的记载一致。应当注意的是，国际阶段未公布发明人的，应在进入中国国家阶段声明中补上。书面声明中，对申请人、发明人的中文译名应准确，如存在问题要在国家阶段公布前进行补正。如果在国家公布后进行补正，则只能通过著录项目变更方式进行

① 吴观乐. 专利代理实务［M］. 3 版. 北京：知识产权出版社，2015：640.
② 吴观乐. 专利代理实务［M］. 3 版. 北京：知识产权出版社，2015：641.
③ 吴观乐. 专利代理实务［M］. 3 版. 北京：知识产权出版社，2015：641.

更正。

进入中国国家阶段的书面声明中，要注意对优先权事项的填写，如果在国际申请阶段的优先权信息存在错误，进入中国国家阶段是最后一次更正优先权错误的机会。

在进入中国国家阶段声明中，要明确国际申请文件中哪些内容作为中国专利审查的基础。

此外，申请费用应在进入国家阶段的期限内全部缴纳完毕。

5. 国家阶段对申请文件的修改

在中国国家阶段，应充分利用主动修改时机和更正译文错误的机会。

（1）充分利用主动修改时机。

根据《专利法实施细则》第一百一十二条的规定，国际申请进入中国国家阶段要求实用新型专利权保护的，申请人可在办理进入中国国家阶段手续之日起 2 个月内主动对申请文件进行修改；对于国际申请进入中国国家阶段要求发明专利权保护的，除可根据 PCT 第四十一条的规定进行修改外，还可根据《专利法实施细则》第五十一条的规定在提出实质审查请求时或在自收到进入实质审查程序通知书之日起 3 个月内主动修改申请文件①。

（2）利用更正译文错误的机会。

《专利法实施细则》第一百一十三条允许申请人对译文错误进行更正。在国际申请进入中国国家阶段后，专利代理从业人员应对中文译文进行核查，若存在译文错误则进行改正，提交改正译文错误请求及译文替换页，并缴纳译文改正费。

改正译文错误可在国家公布的准备工作完成之前的初审阶段提出，也可在收到专利申请进入实质审查阶段通知书之日起 3 个月内提出，当然也可根据审查意见通知书中的要求进行改正②。

6. 涉及审查周期的相关事宜

国家知识产权局已开始实施通过专利审查高速路（PPH）加快审查的

---

① 吴观乐. 专利代理实务［M］. 3 版. 北京：知识产权出版社，2015：641.
② 吴观乐. 专利代理实务［M］. 3 版. 北京：知识产权出版社，2015：641 - 642.

试点项目。如果申请人希望缩短审查周期，可通过 PPH 项目加快审查进度。要通过 PPH 加快审查的，应当通过电子申请的形式办理进入中国国家阶段的手续，并在提出实质审查时提交"参与专利审查高速路项目请求表"，同时提交该国际申请在国际工作中被认定为具有授权前景的权利要求书副本及其中文或英文译本，并对国际申请进入中国国家阶段作为审查基础的申请文本的权利要求书与被国际阶段认定为具有授权前景的权利要求书进行比对，并提供权利要求书对应表①。

---

① 吴观乐. 专利代理实务 ［M］. 3 版. 北京：知识产权出版社，2015：642.

第四章

复审程序中的专利代理

　　根据《专利法》第四十一条第一款的规定，专利申请被国家知识产权局驳回后，如果专利申请人不同意驳回决定中涉及的理由，可以在规定时间内向国务院专利行政部门请求复审，并启动复审程序。

　　复审程序是《专利法》为保护申请人权益设置的救济程序。通过复审程序，申请人有机会改变不合理的审查结论。对于国家知识产权局而言，则可通过复审程序纠正前序审查中存在的问题。因而，复审程序对于国家知识产权局和申请人而言都十分重要。尤其对于申请人而言，申请被驳回后未按期提出复审请求案件将失效。如果提出复审请求后被合议组维持驳回，想要进一步救济，则只能通过向知识产权法院上诉，这将花费更多的精力和金钱。因此，如果申请人委托了专利代理机构负责申请的复审程序阶段的代理工作，专利代理从业人员开展此阶段工作应当比实质审查阶段的代理工作更为谨慎。

　　本章主要介绍专利代理从业人员在复审程序中的相关工作。

第一节　提出复审请求时的专利代理

　　专利申请人收到国家知识产权局发出的驳回通知书后，可作为复审请求人提出复审请求。提出复审请求后，国家知识产权局专利局复审和无效审理部（原国家知识产权局专利复审委员会，以下简称"复审和无效审理部"）将进行形式审查，审查包括复审的客体、复审请求的期限、复审请求人的资格、相关费用、复审请求书的格式和内容，以及专利代理委托书等。形式审查通过后，进入复审程序。

　　根据复审程序，复审和无效审理部发出复审请求通知书后，首先将复审请求书以及可能的附件和申请文件修改替换页转交作出驳回决定的原审查部门进行前置审查，原审查部门将根据复审请求进一步提出的理由和证据给出包括撤销驳回、修改后撤销驳回、维持驳回三种意见在内的前置审查意见。如果前置意见为维持驳回，那么复审和无效审理部将成立合议组对申请进行合议审查；如果前置意见为修改后撤销驳回或者撤销驳回，那么复审和无效审理部将不再成立合议组而是直接作出撤销驳回决定的复审决定[1]。因此，在涉及复审程序的专利代理工作中，要充分利用前置审查环节缩短复审程序。如果驳回决定未针对所有的权利要求（除非是驳回理由明显错误的），最好是通过修改申请文件的方式克服驳回决定中存在的缺陷。

一、协助委托人明确是否需提出复审请求

在收到国家知识产权局发出的驳回决定后，专利代理从业人员应当及时将驳回决定传达委托人，并将相关救济程序告知委托人，由委托人决定是否提出复审请求。虽然最终是否提出复审请求是由委托人决定，但专利代理从业人员应当充分分析驳回决定的理由和证据，并对提出复审请求后的复审前景有一个合理的预期，并将预期以及具体的理由告知委托人，供委托人决策。

如果驳回决定中存在明显的实体错误或者驳回决定仅针对部分权利要求，那么应当在转达驳回决定时建议委托人提出复审请求，指出通过说明复审理由或修改申请文件的方式驳回决定最终被撤销的可能性很大。如果驳回决定的实体基本正确，即使申请人进一步修改申请文件也无法获得专利权，那么应当告知委托人案件所处的情况，由其自行决定是否提出复审请求。还有一种情况是驳回决定的实体有进一步讨论的空间或者通过修改申请文件有机会消除驳回决定中指出的缺陷，专利代理从业人员应当告知委托人申请还有挽回的余地但需要进一步的工作，由委托人决定是否提出复审请求[2]。

在委托人决定提出复审请求后，专利代理从业人员可着手协助委托人

---

[1]　中华人民共和国国家知识产权局. 专利审查指南 2010 [M]. 2019 年修订. 北京：知识产权出版社，2020：383.

[2]　吴观乐. 专利代理实务 [M]. 3 版. 北京：知识产权出版社，2015：522.

准备复审程序所需的材料。

二、确定复审请求理由

根据《专利法实施细则》第六十一条第一款的规定，在提交复审请求书时，应当说明理由。结合前文的介绍可以看出，说明复审请求理由是与作出驳回决定的审查部门以及进行合议审查的后审部门进一步开展沟通交流的主要方式。因此，确定复审请求理由既是法律的要求，也是为委托人争取权益的重要手段，应当重视这一环节的工作。

复审请求人应当就驳回决定中的理由提出相应的针对性复审理由，即驳回理由是申请不符合《专利法》或《专利法实施细则》的某条款的规定，那么复审请求理由就应当是申请符合《专利法》或《专利法实施细则》的某条款的规定。当然，复审请求人也可以以驳回决定中的法条适用不正确为由提出复审请求。如果复审请求未能针对驳回决定中的理由提出相应的复审理由，可能会导致复审合议审查未能取得理想的结果。现就审查实践中的一例典型案例在此进行说明①。

案例 17

[**案情**] 某案，审查员以案件所有权利要求不具备创造性为由作出驳回决定。申请人不服国家知识产权局发出的驳回决定，于是提出复审请求。但是复审请求人在复审理由中，通篇未说明为何案件相对于驳回决定中使用的对比文件具备创造性，而是将答辩焦点放在说明对比文件不具备实用性上。由于复审请求人在复审理由中未针对驳回决定中的理由进行答复，最终该案被复审合议组维持驳回。

[**解析**] 在请求复审时一定要就驳回理由提出针对性的复审请求理由，否则极易导致金钱和时间的白白浪费。

需要专利代理从业人员和申请人特别注意的是，如果驳回决定存在不

① 吴观乐. 专利代理实务 [M]. 3 版. 北京：知识产权出版社，2015：523.

符合《专利审查指南》规定的驳回时机或存在驳回决定针对的文本错误等
程序性错误，申请人也可以以驳回决定存在程序错误为由提出复审请求，
且有可能取得复审请求的成功。但在审查实践中，不建议申请人仅以驳回
决定存在程序错误为由提出复审请求，而应该将涉及程序错误的复审理由
结合其他涉及实体的复审理由共同提出复审请求。这是因为，根据《专利
审查指南》的规定，复审决定一旦作出，前审部门将无法再以与驳回决定
中相同的事实、理由和证据再次作出驳回决定。但如果申请人仅提出涉
及程序错误的复审请求，虽然复审合议组将因程序问题撤销驳回决定，但由
于复审决定中并未针对实体问题进行审查，前审部门在克服了程序问题
后，依然可再次以前次驳回决定中相同的理由和证据作出驳回决定。此时
如果申请人依然不同意该驳回决定，将只能再次提出复审请求，由复审合
议组再次进行实体的合议审查，会导致审查程序的延长。事实上，在实践
中，复审和无效审理部在复审工作中，往往会全面考虑驳回案件的审查程
序和实体内容，以避免在复审和实审程序之间来回震荡。

三、专利申请文件的修改

根据我国《专利法实施细则》第六十一条的规定，复审请求人在提出
复审请求时可对申请文件进行修改以克服驳回决定中存在的缺陷。

因此，专利代理从业人员在准备复审程序时除要考虑复审请求书的撰
写外，还应当与委托人共同研究是否需要在提出复审请求时对申请文件进
行修改以及具体的修改方式[①]。

如果驳回决定中的驳回理由正确，但是申请说明书或权利要求书中有
可以消除驳回理由的内容，应当建议委托人对申请文件进行修改从而克服
驳回决定中指出的缺陷。例如，驳回决定指出申请权利要求书不具备新颖
性/创造性，使用的证据正确、理由充分，但是在说明书中存在可以克服
新颖性/创造性缺陷的内容，那么在提出复审请求时，应当说服委托人将
相关内容补入权利要求书中，克服相关缺陷。此时，原审查部门在前置审

---

① 吴观乐. 专利代理实务 [M]. 3 版. 北京：知识产权出版社，2015：523 - 524.

查环节看到驳回决定中的缺陷经修改后已经被消除，那么将直接在前置环节作出撤销驳回决定的前置意见，复审和无效审理部将直接作出撤销驳回决定的复审决定，审查程序缩短。

如果驳回决定中的驳回理由基本正确，但事实认定方面存在可商榷的地方，那么在提出复审请求时可建议申请人暂时不进行文本修改而仅说明复审请求。按照复审程序，如果复审合议组要作出维持驳回决定的合议审查决定，至少应发出一次复审请求通知书或进行口头审理，说明拟维持驳回决定的相关理由，给复审请求人陈述意见和修改申请文件的机会。因此，对于驳回决定中存在可商榷内容的案件，可考虑不在提出复审请求时修改申请文件而是详细说明复审理由。这样做的好处在于，如果复审理由能够说服原审查部门或复审合议组撤回驳回决定，有可能为委托人争取到更大的保护范围；即便未能说服原审查部门或复审合议组，还可以在复审程序中有修改申请文件的机会。

如果驳回决定的理由正确且申请文件中没有可以克服驳回决定中指出的缺陷的理由，而委托人坚持提出复审请求，那么专利代理从业人员应该进一步挖掘申请文件中是否有可以授权的内容，并应当根据分析结果对申请文件进行修改，以争取在复审程序中尽可能争取复审请求成功。

在业务实践中，也存在驳回决定的理由完全错误的情形，对于这种情况仅需说明复审请求理由即可，不必对申请文件进行修改。

当然，在提出复审请求阶段进行的申请文件的修改也需要满足《专利法》第三十三条的规定，对申请文件的修改不得超出原始申请文件记载的范围。同时也应该按照《专利法实施细则》第六十一条第一款的规定，针对驳回决定指出的缺陷进行修改，除了修改明显的文字错误或修改与驳回决定中涉及的缺陷性质相同的缺陷外，不得对驳回决定中驳回理由未涉及的内容进行修改。

四、复审请求书的撰写

根据《专利法实施细则》第六十条第一款的规定，提出复审请求时应该提交复审请求书。因此，在明确了复审请求方向后，就要准备撰写复审请求书。如果需要对申请文件进行修改，还要准备申请文件的修改替换页。

1. 复审请求书中包括的主要内容

通常情况下，复审请求书中要包括以下几部分内容：复审请求的客体、复审请求人、专利代理机构、复审请求的理由，以及其他需要提供给复审和无效审理部的内容①。

复审请求的客体主要需要说明复审请求所针对的被驳回的专利申请。

如果申请人决定在提出复审请求时对申请文件进行修改，在撰写复审请求书时要说明复审请求人准备针对驳回决定的申请文本进行怎样的修改以克服驳回决定中指出的缺陷，并说明修改的依据，以便复审合议组核查修改是否符合《专利法》《专利法实施细则》《专利审查指南》对修改的相关规定。

撰写复审请求的具体理由时，如果复审请求人对申请文件进行了修改，应当着重说明为何修改后的申请文件克服了驳回决定中指出的缺陷。

如果提出复审请求时复审请求人未修改申请文件，复审请求的具体理由部分则应当重点说明驳回决定针对的申请文本为何不存在驳回决定中指出的缺陷。需要注意的是，因为未对申请文件进行修改，实审部门和复审合议组维持驳回决定的可能性很大，因此在撰写复审理由时应当充分说明理由，必要时提供强有力的证据，证明复审请求人的主张正确。此外，如果驳回决定中还存在程序错误，建议首先在复审请求中说明驳回决定的程序错误，再进一步阐述具体的实体问题。

2. 撰写复审请求时的注意事项

复审程序是针对国家知识产权局发出的驳回决定的救济程序，如果未能通过复审程序使国家知识产权局撤回驳回决定，申请人则只能通过向知识产权法院起诉的方式进行救济，而这样的方式势必将导致申请人的时间和金钱成本成倍增加。因此，撰写复审请求时要十分慎重。结合审查实践来看，专利代理从业人员在撰写复审请求时要重点注意以下几方面的问题②。

① 吴观乐. 专利代理实务 [M]. 3 版. 北京：知识产权出版社，2015：525 – 526.
② 吴观乐. 专利代理实务 [M]. 3 版. 北京：知识产权出版社，2015：526 – 527.

（1）仔细分析驳回决定中的理由和证据。

为了撰写能够说服审查部门和复审合议组的复审请求，首要工作就是充分分析驳回决定中的理由和证据，以便在复审请求中能够针对性地说明驳回理由不能成立的原因或修改后的申请文本为何克服了驳回决定中指出的缺陷。

（2）以法律为依据针对关键点进行争辩。

为了说服复审部门和复审合议组，复审请求书要针对驳回决定中的理由进行争辩，而且争辩方向应该是申请文件符合《专利法》《专利法实施细则》《专利审查指南》的规定。

例如，驳回决定的驳回理由是申请不符合《专利法》规定的实用性，复审理由就应当重点分析为何专利能够创造或使用并产生有益效果，必要时提供申请日之前公开的相关公知证据予以佐证。

（3）说理以事实为依据，有条理和逻辑。

复审理由在支持复审请求人主张时应有理有据，针对事实进行分析，分析内容有条理且符合逻辑。

例如，在针对驳回理由为申请不具备新颖性或创造性的驳回决定时，复审理由应全面分析驳回决定的理由。如果驳回理由中使用的证据的时间无法构成申请的现有技术，则应当在复审请求中说明；如果驳回理由为申请不具备新颖性而权利要求实际上与对比文件具有区别特征，则应当在复审请求中说明；如果驳回理由为申请不具备创造性，而对比文件之间没有结合启示，则要在复审请求中说明。在有事实依据的前提下，有条理并且有逻辑地说明上述理由后，有可能说服原审查部门和复审合议组做出撤销驳回的决定。

（4）有效利用口头审理程序。

根据《专利审查指南》的规定，复审请求人可通过书面请求的方式提出口头审理的请求。如果案件情况可以通过实务演示或其他演示方式更加直观有效地展示给复审合议组，以便合议组作出正确的决定，则可以在提出复审请求期间提出口头审理的请求并明确说明理由。

3. 案例分享

为加强读者对复审理由撰写的认识，本书从审查实践中筛选以下比较优秀的复审请求理由（主要是通过阐述复审理由使原审查部门直接撤销驳回决定的案例）进行分享。

案例 18

[**案情**] 某案，请求保护一种环锻件的生产工艺。其申请文件中指出，该生产工艺的目的在于解决现有环锻件锻后采用调质处理成本高、生产效率低的问题。申请文件进一步明确该工艺将环锻件加热至 1200～1240 ℃，并保温 2 h 后进行拔长、镦粗、碾环，最后空冷至室温。其拔长、镦粗、碾环在同一火次中进行，通过控制拔长的变形量、镦粗的变形量、碾环的变形量，以及拔长、镦粗后的温度和碾环后的温度，使生产出的环锻件具有良好的机械性能。针对该案公开的内容，审查部门引用两篇对比文件，结合常规技术手段评述了该案的创造性，并最终作出驳回决定。

驳回决定认为，最接近的现有技术公开了一种环锻件的锻造工艺，认为本领域技术人员能够根据需要调整不同的钢原料，并在其已公开了"三镦三拔"的基础上，本领域技术人员能够合理选择进行拔长、镦粗的先后顺序和次数，且本领域技术人员能够根据最接近现有技术公开的"在镦粗拔长之前需将坯料进行加热到合适锻造温度"的基础上调整加热温度和保温时间，并确定拔长和墩粗的变形量。在此基础上，驳回决定进一步引入一篇对比文件，指出其具体公开了将管坯锻完之后，用辗环机进行辗环的内容，并认为相关技术特征在引入的第二篇对比文件中起到的作用与其在该案中起到的作用相同。在此基础上，认为该案权利要求请求保护的技术方案不具备创造性。

申请人不认同驳回决定中的观点，提出复审请求，仅陈述了申请人的观点并未修改申请文件。申请人的观点主要包括以下几方面。

首先，最接近的现有技术采用的钢原料与该案的钢原料属于不同钢种，即使生产工艺相同也无法取得相同的性能。

其次，由于该案的钢种和最接近的现有技术中的钢种不同，该案的钢种不需调质处理，而最接近的现有技术采用的钢种若不经调质处理则无法达到使用要求。

再次，针对驳回决定中指出的最接近现有技术的晶粒度达到 6 级从而认为最接近的现有技术具有与该案相同的机械性能的观点，申请人指出，通过常规的锻造工艺即便得到 8 级的晶粒度钢材，其机械性能依然低于该案锻造工艺得到的钢材的机械性能。

最后，针对驳回决定中指出的本领域技术人员可根据实际需要对工艺进行调整的观点，申请人在意见陈述中结合该案申请文件中明确记载的工艺参数和步骤，详细说明了该案请求保护的技术方案中采取的工艺与最接近现有技术公开内容的不同和相应带来的技术效果。

原审查部门在前置审查环节撤销了驳回决定，经补充检索未得到更为合适的对比文件，最终授予该案专利权。

[解析] 申请人在收到驳回决定后，认真分析了驳回决定的内容，有针对性地进行了复审请求的意见陈述，其中包括如下亮点。

首先，没有为了撤销驳回而盲目对权利要求进行修改，为申请人争取了最大的保护范围。

其次，进行意见陈述时有所侧重。虽然驳回决定采用了两篇对比文件结合的方式评述该案的创造性，但由于驳回决定中主要的事实认定不准确的内容都集中在对最接近现有技术公开内容的认定上，申请人在提出复审请求时有针对性地将主要的答复精力都集中在陈述驳回决定中对最接近现有技术认定不准确的内容上，并未在对比文件上花费过多的精力，取得了良好的效果。

最后，在复审请求的意见陈述中，申请人的答复完全基于申请文件和对比文件公开的内容，结合领域的公知常识全面说明了该案技术方案与最接近现有技术之间的差别和带来的不同效果，意见陈述整体逻辑清晰、层次分明，最终说服了原审查部门改变审查意见。

第二节　复审程序合议审查阶段的专利代理

复审和无效审理部在收到复审请求书后，首先要进行形式审查，在形式审查阶段，复审和无效审理部可能会发出补正通知书、不予受理通知书、视为未提出复审请求通知书、视为未委托专利代理机构通知书和受理通知书等几类通知书。除受理通知书外，其他几类通知书都应该由专利代理师查明发出通知书的事由，并相应地采取针对性措施进行补救。因这些都属于事务性工作，在此不再展开说明。

当形式审查阶段指出的缺陷得到补正后，复审和无效审理部将发出受理通知书，并将涉及的资料转送至原审查部门进行前置审查。如果原审查部门坚持驳回决定，则复审和无效审理部将成立复审合议组进行合议审查。在合议审查阶段，如果合议组认为原审查部门作出的驳回决定和前置意见明显存在错误，将直接作出撤销驳回决定的合议决定；如果合议组支持原审查部门的意见，则将发出复审通知书并向复审请求人说明原因。此时，专利代理师要针对复审通知书进行充分细致的分析并提出有说服力的意见陈述，否则复审合议组将作出维持驳回的合议决定。

本节主要介绍合议审查阶段的专利代理工作，主要介绍复审通知书的答复方式和口头审理的相关内容。

一、对复审通知书的答复

1. 深入分析复审通知书，明确后续工作方向

前面已经介绍过，如果复审合议组发出复审通知书，往往说明合议组的倾向性意见是维持驳回。

复审合议组在复审通知书中一方面可能用原审查部门审查员在驳回决定中引用的对比文件或证据进一步说明申请文件存在的缺陷。同时，如前文所述，复审合议组在合议审查阶段可能会依职权进行审查，也就是说复审合议组可能在复审通知书中引入驳回决定中未提出的理由和证据。

和实质审查阶段不同，答复复审通知书的期限仅有 1 个月。因此，在收到复审通知书后，专利代理师应当对案件的前景进行判断并及时转送通知书，和委托人一起商讨后续处理的方向[①]。需要注意的是，在复审合议

---

① 吴观乐. 专利代理实务［M］. 3 版. 北京：知识产权出版社，2015：539.

审查阶段，复审合议组通常情况下在收到复审请求人的意见陈述后就会作出复审决定。因此，专利代理师要充分重视合议组意见，向委托人说明情况，供委托人确定答复方向以及修改方式。在此，列举一例说明重视复审合议组意见的重要性。

案例 19

[**案情**] 某案，复审合议组发出的复审通知书中指出，案件申请文件第一组权利要求不具备创造性，第二组权利要求具备创造性。复审请求人认为第一组权利要求也具备创造性，在答复复审通知书时仅进行了意见陈述，未修改申请文件。然而，相关意见陈述未能说服复审合议组，从而合议组作出了维持驳回的合议决定。

[**解析**] 该案的复审通知书其实已经明确表明案件具有撤销驳回决定的前景，然而复审请求人对合议组意见不够重视，未修改申请文件也未能提出有说服力的意见陈述，导致了原审查部门的驳回决定被复审合议组维持。这样，复审请求人如果想进一步寻求法律救济就只能向知识产权法院起诉，势必将花费更多的时间和金钱，而且在行政诉讼期间也不能修改申请文件，错过了修改申请文件的最后时机。

可见，在合议审查阶段，除非是复审通知书中合议组的意见明显站不住脚，才建议采用合理的争辩手段为委托人争取尽可能大的利益；否则，还是应当充分分析合议组意见，并积极配合相关意见进行澄清，必要时提供有关证据加强己方理由的说服力。

2. 撰写意见陈述书，必要时应修改申请文件

完成复审通知书的分析后，通过与委托人交换意见，专利代理师按照委托人的要求着手准备撰写意见陈述书。如果委托人认为需要修改申请文件，专利代理师还应当根据委托人的意见对申请文件进行修改。

对于决定修改申请文件的情形，在撰写意见陈述书时应首先说明修改申请文件的修改依据，在此基础上详细说明为何修改后的申请文件克服了驳回决定和复审通知书中指出的缺陷。

如果委托人不希望修改申请文件，那么在进行意见陈述时要更加谨

慎，说理要更加充分细致，最好辅以强有力的证据增强说服力，否则无法说服复审合议组，将导致维持原驳回决定的结果①。

如果委托人认为当面与复审合议组交流有利于进一步澄清事实，在撰写意见陈述书时可以提出口头审理的请求，以便在当面沟通交流过程中更好地发表意见，争取有利结果。但是，即便在意见陈述中提出了口头审理的请求，也应当在意见陈述中充分说明己方理由。因为口头审理不是复审程序中的必要步骤，口头审理的请求不一定被复审合议组接受。如果意见陈述未能充分说明理由，可能导致复审合议组认为没有开展口头审理的必要，从而作出维持驳回决定的复审合议决定。

3. **按期提交意见陈述**

前面已经提到，复审程序中答复复审通知书的期限仅有 1 个月，所以准备答复期间要注意对答复期限的监控，在指定期限内完成相关工作，按时提交意见陈述和其他附件。

如果无法在要求的时间内完成这些准备工作，应在期限届满前办理延长期限的手续，并缴纳费用。如果未按时答复复审通知书，导致复审请求被视为撤回，可在收到视为撤回通知书之日起 2 个月内办理恢复权利请求的手续并缴纳相应费用，同时提交意见陈述书和相关的其他内容。

4. **案例分享**

为加强读者对答复复审通知书时应该注意的事项的认识，本书从审查实践中筛选部分典型有借鉴意义的针对复审通知书的答复内容进行分享。

案例 20

[**案情**] 某案，请求保护采用超临界流体技术制备聚合物发泡材料的方法，其中权利要求书中具体限定了聚合物为具有特定结构的聚烯烃、聚酯或共聚烯烃。在说明书具体实施例中，进一步说明了通过该方法制备得到的发泡材料的体积、密度、厚度、孔径，以及孔密度等参数。

在该案审查过程中，审查员引用的对比文件公开了一种发泡聚对苯二

---

① 吴观乐. 专利代理实务 [M]. 3 版. 北京：知识产权出版社，2015：540.

甲酸乙二醇酯材料的制备方法。该案权利要求请求保护的技术方案与对比文件公开内容相比，区别仅在于发泡容器的尺寸不同，因此，审查员在此基础上评述了该案请求保护的权利要求的创造性。针对创造性审查意见，申请人将部分从属权利要求与独立权利要求合并形成新的独立权利要求，并认为修改后的权利要求克服了审查意见通知书中指出的缺陷。然而，申请人在原独立权利要求中补入的从属权利要求的附加技术特征均为对发泡工艺的调整，通过说明书记载的内容无法证明相关技术特征带来了预料不到的技术效果，从而审查员不认可申请人的意见陈述并作出驳回决定。

针对驳回决定，申请人提出复审请求，并根据说明书实施例中的记载进一步限定了发泡材料的密度，认为修改后的权利要求克服了驳回决定中指出的缺陷。然而，复审请求人的修改是将不同说明书实施例中的离散的密度点值修改为一个连续的数值区间，这样的修改超出了原始申请文件记载的范围，原审查部门在前置审查环节坚持驳回决定；基于这样的修改，后审也认同前审的观点，发出复审通知书指出不支持复审请求人的意见。

在此基础上，复审请求人进一步修改了申请文件，将说明书不同实施例中记载的 8 个聚合物微孔发泡材料的密度点值补入权利要求 1 中。由于驳回决定中使用的对比文件公开了通过超临界流体技术将聚对苯二甲酸乙二醇酯制备为发泡材料的技术方案。复审请求人进一步删除了权利要求中聚合物原料为聚对苯二甲酸乙二醇酯的技术方案。复审请求人指出，修改后的技术方案得到的发泡材料的种类、采取的发泡方式与对比文件公开的不同，并指出说明书中有数据证明申请请求保护的技术方案取得了完全与驳回决定中使用的对比文件不同的技术效果（包括机械性能、膨胀倍数、密度等），因此修改后的权利要求完全克服了复审通知书中指出的缺陷，符合《专利法》《专利法实施细则》的相关规定。在复审请求人提出的上述意见陈述的基础上，复审和无效审理部认可了相关意见陈述的观点，认为修改后的权利要求的技术方案相对于驳回决定中使用的对比文件公开的内容非显而易见，且取得了提高聚合物微孔发泡材料机械性能、膨胀倍数以及降低材料的密度的效果，作出撤销驳回决定的复审决定。最终，原审查部门在进一步检索未发现更为合适的现有技术的基础上，授予了该案专利权。

[**解析**] 从该案审查过程来看，原审查部门在实质审查阶段作出的驳回决定并无不当，但申请人在处理驳回决定以及复审通知书的过程中全面准确地分析了发明申请、对比文件、驳回决定，以及复审通知书的内容，并在此基础上进行了有针对性的修改和陈述，最终获得了较好的结果。在该案的审查过程中，申请人处理的亮点有以下三点。

一是深入挖掘了申请文件中的内容，结合驳回决定、复审通知书和对比文件公开的内容对包括在申请文件中但未体现在驳回决定以及复审通知书针对的权利要求中的技术特征进行了分析，并将说明书实施例中对发泡材料的密度限定补入权利要求书中，使权利要求请求保护的技术方案相对对比文件公开的内容具有明显不同的技术效果。

二是对权利要求中请求保护的并列技术方案进行了合理取舍，果断删除了被对比文件公开的涉及聚对苯二甲酸乙二醇酯发泡材料的技术方案。

三是有理有据地答复复审通知书，结合说明书中记载的内容，从权利要求请求保护的技术方案、要解决的技术问题，以及获得的技术效果等角度全面分析了为何权利要求请求保护的技术方案相对对比文件具备突出的实质性特点和显著的进步。

二、口头审理的提出、准备与口头陈述意见①

在复审程序中可以向复审合议组请求口头审理，但是口头审理不是复审程序中的必要程序。

在复审程序中可以采取两种途径启动口头审理。一种途径是，复审请求人以书面方式向复审和无效审理部提出口头审理的请求，并说明具体理由，这里的理由主要是指复审请求人需向复审合议组当面进行实物演示等，这种请求最好在提出复审请求时提出，但也可在答复复审通知书的意见陈述中提出。另一种途径是，如果复审合议组认为通过口头审理可有效节约审查程序，则复审合议组可自行决定进行口头审理并发出口头审理通知书。如果口头审理通知书中指出了申请中存在的缺陷而复审请求人不准

---

① 吴观乐. 专利代理实务 [M]. 3 版. 北京：知识产权出版社，2015：541 – 542.

备参加口头审理，那么要在口头审理通知书指定的陈述意见的期限内提交书面意见陈述书，否则复审请求将被视为撤回。

无论通过哪种方式进行口头审理，专利代理师都应根据复审通知书或口头审理通知书分析复审合议组对案件走向的预期判断，并与委托人明确口头审理的答复方式。在准备口头审理的答复内容时，一方面专利代理师要准备好己方的观点和论据，最好列出发言提纲；另一方面，专利代理师要进行换位思考，判断复审合议组在口头审理阶段可能提出的疑问并相应就这些疑问准备针对性的答复内容。

相对通过复审通知书与复审合议组交换意见，口头审理更有利于充分地与复审合议组交换意见，在口头审理环节最好通过 PPT、实物展示等手段充分向复审合议组说明发明专利申请的技术方案。如果需要利用实物展示手段，演示的实物应当与申请技术方案符合，而且用来对比的实物要属于申请的现有技术并且与之相符合。如果无法满足这些条件，实物展示的效果将不被合议组认可，无法说服复审合议组。

在口头审理阶段，除专利代理师外，复审请求人或外请的专家都可出席并说明相关技术方案。如果需要这类人员参与口头审理，可事先了解他们的主要论点和论据，将他们答辩的内容与专利知识相结合，形成口头审理的答辩内容。

第三节　复审决定后的专利代理

复审案件经合议审查后，当复审合议组认为事实已经清楚时，将作出复审决定。复审决定包括撤销驳回决定和维持驳回决定两种。根据《专利法》的规定，无论复审决定的结果为何，后续都要继续开展相应的工作，因此，在复审合议组作出合议审查决定后，并不意味着代理工作的结束。本节介绍针对两种不同类型的复审决定的后续专利代理工作。

一、复审决定为撤销驳回决定的情况

复审合议组根据原审查部门的前置审查意见或根据合议审查程序中复审请求人的意见陈述作出撤销驳回决定的合议决定后，复审请求所涉及的专利申请将返回原审查部门继续实质审查程序。

对于原审查部门而言，复审合议决定对其的审查工作有约束作用，主要在于原审查部门不得再以相同的事实、理由和证据作出与复审合议决定意见相反的决定。因此，在收到撤销驳回决定的复审合议决定后，专利代理师要向委托人说明应着手准备应对后续的审查工作①。

如果被撤销的驳回决定的驳回理由是申请不具备新颖性和/或创造性，那么撤销驳回后原审查部门不得再以驳回决定中使用的证据再次评述申请的新颖性和/或创造性。原审查部门在收到复审决定后，将进一步检索判断申请是否具备新颖性和/或创造性。如果未能进一步发现更相关的现有技术，在克服可能存在的形式缺陷后，原审查部门将作出授权决定。因此，对于这类案件，如果原驳回决定针对的文本还存在形式缺陷，可建议委托人在收到撤销驳回决定的合议审查决定后，主动对文本中存在的形式缺陷进行修改，这样有可能使原审查部门直接作出授权决定而不必再发出审查意见通知书，缩短审查周期。

又如，如果被撤销的驳回决定的驳回理由是申请属于《专利法》规定的不授予专利权的客体，复审决定撤销该驳回决定后，原审查部门不得再次发出这样的审查意见。但根据专利审查的顺序，专利权授权客体的审查早于新颖性和创造性的审查，所以原审查部门将进行检索，查找是否存在相关现有技术。对于这种情况，专利代理师要准备应对后续可能的涉及新颖性和/或创造性的审查意见。

还有一种比较特殊的情况是，如果撤销驳回决定的合议审查意见仅仅是因为驳回决定中存在程序错误，那么即便撤销了驳回决定，原审查部门依然可以在克服程序错误的问题后以与驳回决定中相同的理由和证据再次

---

① 吴观乐. 专利代理实务［M］. 3 版. 北京：知识产权出版社，2015：542.

作出驳回决定。因此，针对这类撤销驳回的复审决定，专利代理师应该向委托人说明这种情况，并且与其确定是否需要对申请文件进行修改，以避免后续原审查部门再次以相同的理由和证据作出驳回决定。

二、复审决定为维持驳回决定的情况

根据《专利法》第四十一条第二款的规定，如果专利申请人对复审合议组的复审决定不服，可以自收到通知之日起 3 个月内向人民法院起诉。

对于决定维持驳回决定的复审决定，专利代理师要与委托人商讨是否利用法律救济手段。如果经分析认为复审合议决定正确，应向委托人予以说明。如果委托人依然决定向人民法院起诉，从代理师角度出发，首先要劝说委托人不要进行诉讼，避免不必要地浪费时间和金钱。但若委托人坚持起诉，专利代理师应该准备起诉书。如果情况相反，那么应当说明案件具有可争取的余地，并建议委托人考虑向人民法院起诉，如果委托人同意，则立刻着手准备起诉书①。

同提出复审请求时相同，如果复审决定中存在程序错误，依然应当主要从复审决定是否存在实体错误的角度来决定是否向人民法院起诉。否则，即便起诉成功，专利申请发回复审和无效审理部重审后，在克服了程序错误后仍然会被复审和无效审理部维持驳回。

最后要注意的是，如果委托人决定向人民法院起诉，要在收到复审决定之日起 3 个月内提交起诉书，一旦错过这个时机将导致委托人失去最后的救济机会。

①　吴观乐. 专利代理实务 [M]. 3 版. 北京：知识产权出版社，2015：543.

第五章

专利代理与专利质量提升

　　为了加快创新型国家的建设，充分发挥专利制度向前促进科技水平提升、向后促进专利市场价值实现的双向传导作用，我国实施了专利质量提升工程。针对提升专利申请、专利代理、专利审查、专利保护，以及专利应用等几方面内容的质量的总体目标，我国分阶段、有计划地制定了详细的任务目标，全面提升我国专利质量。

　　其中，专利代理质量是专利质量提升工程中重点提升的一部分内容。为了实现专利代理行业服务质量的提升，除了持续不断地提升专利代理从业人员的业务能力水平外，专利代理机构是否规范执业、专利代理从业人员是否履职尽责也是决定专利代理质量是否能够得到持续性提升的决定因素。

　　本章主要介绍专利代理从业人员应当遵守的执业规范和应当具备的职业道德，同时介绍专利质量提升工程的相关内容，并结合专利代理从业人员的职责阐述专利代理在我国建设知识产权强国过程中发挥的重要作用。

第一节　专利代理执业规范以及职业道德

　　专利代理工作是为社会提供专利法律服务的行业，其工作性质决定了其承担着维护委托人合法权益、保障专利制度有效实施、促进国家科技进步和经济社会发展的重要社会责任[①]。正是由于专利代理行业肩负着这样的社会责任，专利代理行业不但需要提高服务技能水平，还应该不断完善行业自律以及个人自律，建立完善的职业道德体系，在此基础上规范执业。

---

① 马浩. 专利代理职业道德 ［M］. 北京：知识产权出版社，2013：43.

一、专利代理机构的执业规范和职责

1. 执业规范的基础

专利代理执业规范是专利代理师完成职业使命、履行职业职责的行动指引，是专利代理机构在机构设立、机构运营和机构终止全过程中的运行准则①。

整体上，专利代理执业规范由法律、行政法规、部门规章、地方性法规和地方政府规章、行业自律规范、国际条约、政策性文件和道德规范等几部分构成。其中，法律是指我国的《专利法》，其对专利代理从业人员的基本执业规范进行了规定。国际条约包括《巴黎公约》、PCT 和《专利合作条约实施细则》等。上述两部分内容不再赘述。下面，分别介绍专利代理执业规范的其他几部分构成内容②。

（1）行政法规。

最典型的行政法规就是《专利代理条例》，其对专利代理行业的准入条件、业务范围、工作职责等方面内容进行了规定。

（2）部门规章。

部门规章是指国家知识产权局为从不同层次规范专利代理执业行为、业务行为而制定的规章制度，包括《专利代理惩戒规则（试行）》《专利代理管理办法》《专利审查指南》《关于规范专利申请行为的若干规定》等。

（3）地方性法规和地方政府规章。

地方性法规和地方政府规章是指地方政府为规范本辖区专利代理机构行为制定的地方性法规和地方政府规章。

（4）行业自律规范。

为加强行业自律，促进专利代理事业的健康发展，我国专利代理师组成了全国性的行业性非营利社会组织——中华全国专利代理师协会。该协

---

① 马浩. 专利代理职业道德［M］. 北京：知识产权出版社，2013：44.
② 马浩. 专利代理职业道德［M］. 北京：知识产权出版社，2013：44－45.

会为规范行业执业行为制定并发布了一系列有关专利代理行业管理的规范，构成行业的自律规范。属于此部分内容的规范有《中华全国专利代理师协会章程》等规范性文件。

（5）政策性文件。

本章前部提到的专利质量提升工程中涉及的文件就属于政策性文件，这类政策性文件同样成为专利代理执业规范的组成部分之一。

（6）道德规范。

除上面提到的内容外，专利代理行业应遵循社会的普遍道德规范，专利代理执业行为应当符合整个社会对职业道德的普遍要求。

2. 专利代理执业规范的主要法规和规章

前文提到的行业执业规范的基础构成部分中，行政法规、部门规章和行业自律规范直接体现行业的执业规范，因此在这里挑选典型的行政法规和部门规章进行介绍①。

（1）《专利代理条例》。

《专利代理条例》是国务院于 1991 年 3 月 4 日发布的专利代理法规②，该条例主要对以下内容进行了规定。

① 专利代理的性质和执业主体。

② 专利代理机构设立、变更、停业、撤销的条件和程序。

③ 专利代理行业准入条件和程序。

④ 专利代理机构的业务范围。

⑤ 专利代理机构和专利代理师的执业纪律。

⑥ 对专利代理机构和专利代理师的处罚。

通过施行《专利代理条例》，有效规范了我国专利代理的执业行为，充分维护了委托人的利益，促进了我国专利制度的进一步完善。

（2）《专利代理惩戒规则（试行）》。

为加强对专利代理机构和专利代理从业人员的执业监督，同时规范专利代理执业行为，国家知识产权局于 2002 年制定并发布了《专利代理惩

---

① 马浩. 专利代理职业道德 [M]. 北京：知识产权出版社，2013：44.
② 马浩. 专利代理职业道德 [M]. 北京：知识产权出版社，2013：46-49.

戒规则（试行）》。其主要规范了对专利代理机构和专利代理人员的惩戒方式以及惩戒适用标准和工作程序。

（3）《专利代理管理办法》。

国家知识产权局制定《专利代理管理办法》的主要目的在于适应专利代理行业的脱钩改制，在已有《专利代理条例》的基础上进一步对专利代理行业的管理和监督进行细化和规范。

3. 专利代理行业的自律规范

中华全国专利代理师协会（原中华全国专利代理人协会）1988 年 12 月 12 日正式成立，该协会保障会员权益、加强完善行业管理和自律，同时负责其他涉及专利代理工作的事务。中华全国专利代理师协会的成立在完善专利代理管理体制、加强行业自律等方面发挥了显著的作用。

（1）《专利代理职业道德与执业纪律规范》。

该规范由中华全国专利代理师协会通过实施，其内容包括专利代理机构和专利代理师的基本权利和义务、专利代理师职业道德和执业纪律、专利代理机构执业纪律以及违反规定的违纪处分①。

该规范是对《专利代理条例》的进一步补充和细化，进一步扩展了对专利代理师的纪律要求，进一步指导专利代理机构和代理从业人员的执业行为。

（2）《专利代理服务指导标准（试行）》。

《专利代理服务指导标准（试行）》是为了提高专利代理服务能力从而更好地维护委托人的利益而出台的，其明确了通用服务指导标准、专利申请代理服务指导标准、专利无效和诉讼代理服务指导标准以及其他事务服务指导标准。尤其重要的是，《专利代理服务指导标准（试行）》明确了专利代理工作的四项基本原则：告知原则、授权原则、对委托人负责原则和保密原则②。

上述四大原则的主要含义如下。

① 告知原则即如实告知机构状况、收费标准、告知专利申请审查中的

---

① 马浩. 专利代理职业道德 ［M］. 北京：知识产权出版社，2013：54 - 56.
② 马浩. 专利代理职业道德 ［M］. 北京：知识产权出版社，2013：57.

各种文书状况等。

②授权原则明确了专利代理开展的工作应当在其受到的委托权限范围内。

③对委托人负责原则即代理机构应当根据委托人的指示开展工作。

④保密原则要求专利代理对开展代理工作中接触到的相关信息保密并承担相应的责任和义务。

通过制定并发布《专利代理服务指导标准（试行）》，进一步为我国专利代理机构开展代理工作指明了方向，极大地提高了我国专利代理机构的执业水平。

4. 专利代理机构的执业规范

根据前文介绍的行政法规、部门规章和行业自律性规范的相关规定，可以总结出专利代理机构应当遵守的执业规范主要涉及专利代理机构与委托人之间的关系、专利代理机构同行之间的关系，同时专利代理机构应该对机构下属的专利代理从业人员的行为进行规范。

（1）专利代理机构与委托人关系的规范。

专利代理机构与委托人之间的关系本质上是合同关系，因此在建立或终止与委托人的关系的过程中应当具有契约精神，严格执行合同中的相关事项。

在建立专利代理委托关系过程中，专利代理师应当以代理机构的名义与委托人明确涉及的代理服务范围、代理机构的权限等内容，并在此基础上与委托人签订委托协议。

在此过程中，专利代理机构应当注意以下几方面内容①。

一是在接受委托前，应当核实委托人委托办理的案件是否与代理机构的其他委托人存在利益冲突，如果存在利益冲突，应告知委托人并建议更换代理机构。

二是在接受委托时，应当量力而行，避免接受超出代理机构能力范围的委托案件。

三是如实告知委托人实际情况，避免做出虚假的承诺。事实上，在一

---

① 马浩. 专利代理职业道德［M］. 北京：知识产权出版社，2013：66-68.

段时间内，可以从网络等渠道发现，部分代理机构为了建立委托关系使用"包授权"等类型的宣传用语对代理机构代理案件的审查结果进行承诺，然而案件的审查结果是由国家知识产权局依法做出决定，因此这样的宣传实际上脱离了实际情况，可能使不了解专利审查制度的委托人形成错误的认识，不符合专利代理机构执业规范的要求。

四是应当规范专利代理机构的行为，避免重复大量提交专利申请。近年来，我国的科技创新水平不断提升，人民群众的创新热情日益高涨，为鼓励创新，国家也制定了相应的政策鼓励创新主体申请专利，在这样的大环境下，我国专利申请量逐年提升。但是，在这样的大环境下，也存在部分人员尝试通过各种手段不当得利，其中最典型的做法就是大量提交内容明显相同或抄袭他人技术的申请。这种专利申请本身无法起到《专利法》第一条规定的促进科学技术进步和经济社会发展的作用，同时还需要专利审查部门花费大量的审查资源对案件进行审查，严重扰乱了专利申请秩序。针对这种行为，国家知识产权局于 2007 年发布了第 45 号局令《关于规范专利申请行为的若干规定》，对专利申请的行为进行了规范，并通过各种惩戒手段对违反相关规定的申请人和专利代理机构和专利代理从业人员进行处罚，有效遏制了不良势头。但随着时间的推移，非正常申请的行为呈现出多样化的趋势，国家知识产权局顺应形势发展，于 2017 年对第 45 号局令作了进一步完善，发布了第 75 号局令，对非正常申请行为进行了补充。因此，作为专利代理机构，应当维护国家专利制度的有效运转，加强敏感性，避免代理非正常申请。

案例 21

[案情] 某代理机构接受了某公司的委托，提交了上百件专利申请。经查，该批申请涉及多个主题，其中多件申请内容明显相同，表现形式为每个主题下存在两件或多件内容明显相同的申请；其余申请则存在使用不同组分、配比等简单替换的行为。经国家知识产权局调查发现，该代理机构存在主动替客户编造技术方案并就技术方案进行兜售的行为，并且存在将编造的同一技术方案出售给多个客户的行为，导致出现多件内容明显相

同的申请。因此，该专利代理机构提交的上述百余件申请存在《关于规范专利申请行为的若干规定》（局令第 75 号）中规定的情形。

此外，经调查发现，该机构还存在其他《专利代理条例》禁止的执业行为。因此，基于调查结果，国家知识产权局最终根据《专利代理条例》的相关规定，给予该代理机构"撤销专利代理机构注册证"的处罚。

[解析] 大量非正常申请的出现，严重影响了我国专利审查的秩序，浪费了大量的审查资源。作为专利代理机构，在执业时应当提高敏感性。

首先，代理机构本身应当摒弃通过编造技术方案进行营利的想法，以身作则维护我国专利秩序，通过提升专利代理业务水平（而不是简单通过代理数量）促进我国专利制度的不断完善和进步；其次，如果委托人明确要求进行大量重复的申请，应当向委托人说明国家知识产权局的相关规定和利害关系，劝说委托人根据实际情况提交申请。如果委托人坚持要重复提交申请，应当主动拒绝接受委托人的委托，避免饮鸩止渴。

（2）专利代理机构与同行关系的规范。

我国当前专利代理机构的数量呈现迅速增长的态势，专利代理机构之间的竞争日趋激烈。作为专利代理机构，应该注意代理机构间的良性竞争，避免诋毁贬低同行和恶意压价的行为，维护专利代理行业的整体形象①。

（3）专利代理机构内部管理的规范。

作为一个完整的机构，专利代理机构应当建立以下内部管理规范②。

第一，专利代理机构应当健全包括人事、财务、业务等相关方面的内部规章制度。

第二，专利代理机构应当依法与代理从业人员以及工作人员签订劳动合同。

第三，专利代理机构的相关信息应当及时、如实报送中华全国代理师协会。

第四，专利代理机构应当为专利代理从业人员提供符合标准的专利代

---

① 马浩. 专利代理职业道德 [M]. 北京：知识产权出版社，2013：70.
② 马浩. 专利代理职业道德 [M]. 北京：知识产权出版社，2013：70.

理执业培训。

第五，如果专利代理机构停业或被撤销，应当妥善处理未完结的
事项。

5. 专利代理机构的执业责任

专利代理机构在执业过程中，应当承担的责任包括纪律责任、行政责
任和民事责任等类型①。其中，纪律责任是指中华全国专利代理师协会对
专利代理机构违反行业自律规范的行为做出的纪律处分。

专利代理机构应当承担的行政责任是指因违反专利行政法规、规章以
及实施行政违法行为所应当承担的法律责任。专利代理机构承担行政责任
的方式包括警告、通告批评、停止承接新业务，以及撤销专利代理机构等
几类，主要依据是《专利代理条例》和《专利代理惩戒规则（试行）》。

如果专利代理机构在执业过程中，因代理机构的过错等原因给委托人
造成损失，则专利代理机构应当承担相应的民事赔偿责任。在这里应该明
确的是，承担民事责任的主体应当是专利代理机构，而不是导致损失的专
利代理机构工作人员。

二、专利代理的职业道德

职业道德是指从业人员在职业活动中应该遵循的行为准则，涵盖了从
业人员与服务对象、职业与职工、职业与职业之间的关系。上述概念是广
义的职业道德的概念，当针对不同的职业时，应当遵循的行为准则会根据
行业的不同进一步细化。

对于专利代理行业而言，前文已经提到，专利代理师是为委托人代其
实施涉及专利事务的民事代理行为，实施专利代理的所有后果均由委托人
承担。因此，作为专利代理从业人员应当严格规范自身的行为避免因个人
原因导致委托人的损失。

基于这个原因，专利代理从业人员应当遵循的行为准则应当体现该行
业的职业特点，包括遵纪守法、诚实守信、保守秘密、避免冲突、勤勉敬

---

① 马浩. 专利代理职业道德［M］. 北京：知识产权出版社，2013：71–73.

业、精于业务等几方面。在这里，着重介绍因专利代理行业特色而具有行业特点的职业道德规范。

1. 保守秘密

我国专利制度为先申请制，即针对同一个专利申请，先提出申请的申请人将获得专利权保护。对于委托了专利代理师负责专利申请事务的委托人而言，其需要将其准备申请的相关材料全部告知专利代理师，那么此时专利代理就掌握了委托人发明创造的所有资料。如果专利代理师不履行代理机构的保密责任，在未获得委托人许可的前提下私自将其发明创造的内容泄露出去，极有可能导致委托人发明创造的内容在申请日之前就成为现有技术，导致提出申请后无法通过实质审查，严重损害委托人的权益①。

对此，《专利法》《专利代理惩戒规则（试行）》《专利代理执业道德与执业纪律规范》均明确规定专利代理从业人员对于委托人提供的信息负有保密责任。

因此，专利代理从业人员首先要明晰利用工作之便剽窃委托人的智慧成果或泄露相关信息是违法行为，要承担法律责任；其次，专利代理机构应当强化对工作人员保密意识的教育力度，同时建立完善的保密制度，从个人职业道德和机构制度建设两方面构建代理机构良好的保密氛围。通过这些措施，不但可以为客户避免损失，也可以通过严格替客户保守秘密获得业内的良好口碑赢得客户信任；反之，则将受到惩戒甚至需要承担刑事责任。

案例 22

[案情] 某案，该案申请人申请时未委托代理机构，但在提出申请前曾委托过代理机构。由于申请人在提交申请之前曾委托过代理机构，因此该代理机构的某代理人完全掌握了该案技术内容。之后，由于第三人有申请专利的需求并找到了该代理人，该代理人为牟利将其掌握的前委托人的技术内容有偿提供给了第三人，第三人就这些内容先于实际发明人提出了申请请求并公开。由于第三人提交的申请公开日早于本案的申请日，因此

---

① 马浩. 专利代理职业道德［M］. 北京：知识产权出版社，2013：82–84.

成为该案的现有技术，并在实质审查过程中因不具备创造性被国家知识产权局驳回。

[解析] 虽然该案申请人最终通过复审程序证明了其发明技术内容被泄露，复审合议决定中认定该案可享有《专利法》第二十四条规定的不丧失新颖性的宽限期，实审程序中使用的对比文件不能作为现有技术破坏本申请新颖性及创造性，并最终撤销了驳回决定，但是在整个过程中，申请人花费了大量的不必要的时间和金钱去准备复审程序的相关事宜。

该案的原代理的种种行为体现了其职业道德的淡漠，其行为给原委托人带来了严重的损失，该专利代理人员因此受到了国家知识产权局的严惩——吊销其"专利代理师资格证书"。

2. 勤勉敬业

勤勉敬业是我国人民的传统美德，各行各业中获得突出成就的人物往往也具备勤勉敬业的品质。对专利代理从业人员而言，勤勉敬业也是其应当具备的可贵品质。

勤勉敬业实际上是要求专利代理从业人员热爱专利代理行业，处理专利代理事务时要像对待个人的事务一样努力；敬业则是要求从业人员应当忠于职守，认真负责地开展代理工作。由于专利代理工作的委托属性，专利代理行业的勤勉敬业在以下几方面有其行业特点①。

首先，从业人员应当及时处理专利代理事务。专利代理申请是一项时效性很强的工作，在申请工作中面临的第一个重要的时间是发明专利申请的申请日。在确定委托关系后，专利代理从业人员越早完成申请文件的撰写并提交申请确定申请日将为委托人在专利审查过程中争取到更大的主动权。其次，在专利申请从提交申请到获得专利权的过程中，国家知识产权局对过程中的各项环节都规定了进行处理的期限，一旦错过期限将导致申请人的权利丧失，并只能（指通常情况下）通过支付费用才能恢复权利。因此，对于专利代理从业人员而言，应当在充分平衡各项工作的前提下，尽可能快地处理专利申请过程中的各项事务，避免因代理机构的原因给委托人带来损失。

---

① 马浩. 专利代理职业道德 [M]. 北京：知识产权出版社，2013：92 – 97.

案例 23

[案情] 国家知识产权局对某发明专利申请案发出了第一次审查意见通知书，指出申请不具备创造性。专利代理机构在处理第一次审查意见通知书时，未认真监控第一次审查意见通知书规定的答复期限。虽然申请人和专利代理从业人员针对审查意见进行了充分全面地准备，但由于代理机构对第一次审查意见通知书的答复期限监控错误，导致正式提交意见陈述的时间比国家知识产权局规定的答复日期要晚一个星期，而且代理机构也没有在后续的程序中发现这个问题并予以补救，导致案件最终失效。

[解析] 从该案的过程来看，由于专利代理机构未能有效地监控答复第一次审查意见通知书的期限，并且也没有采取有效的措施，未能认真负责地处理案件，导致委托人的利益受到严重的损失。

作为委托代理，专利代理从业人员在申请过程中提交的所有文件和资料都代表委托人的意见且委托人要承担相应的后果。所以作为申请过程中实际负责专利申请文件和资料准备的专利代理从业人员应当时刻谨记自己是在替委托人处理专利申请事务，工作中应当与委托人充分沟通并引导委托人提供翔实的材料，并基于材料保证文件撰写和意见陈述的质量。此外，在向国家知识产权局提交文件和资料前，应当仔细核对是否存在明显的缺陷和笔误，避免因这些低级错误给委托人带来损失并影响专利代理行业的形象。

案例 24

[案情] 某案，审查过程中发现，申请日提交的说明书中指出该案实施例 1-7 的各项指标数据以表格形式列出，但是经核实，在说明书中并没有指标数据表格。同时，在收到第一次审查意见通知书后，申请人对权利要求书进行了修改，但是，其提交的权利要求书的内容实际是意见陈述书的内容。

[解析] 从该案的情况来看，由于专利代理从业人员未能认真核对提交的申请文本和申请文本的修改替换文本，给委托人带来了较大的损失。

一是说明书中缺乏实验数据的记载，虽然审查过程中允许申请人补交实验数据，但是在审查过程中对补交实验数据的采信有严格的要求，其效力明显弱于记载在申请日提交的申请文件中的效果数据；二是提交修改替换文本时未能认真核对文件，浪费了申请人一次答复审查意见通知书的机会，由于其失误导致审查周期延长。

案例 25

[案情] 近年来，从专利审查实践来看，出现了一定量的针对否定性审查意见，简单答复不同意审查意见但不详细说明为何申请人有不同观点的意见陈述书；也存在意见陈述中指出申请人同意审查意见观点的"求驳回"情况。

[解析] 上述两种情况，都从一定程度上反映了专利代理师未能较好履职的情况。对于第一种情形，如果申请人明确表达了不同意审查意见的观点，专利代理从业人员应当和委托人一起分析审查意见的漏洞，并有针对性地提出意见陈述。对于第一种情况，意见陈述仅仅说明不同意审查意见而未说明理由，审查员不可能因为申请人仅仅不同意审查意见就改变对案件是否符合《专利法》相关要求的看法，直接做出驳回决定又存在未讨论清楚事实就直接剥夺申请人权利的问题，通常需要再次发出审查意见通知书与申请人进行沟通，这就造成了审查资源的浪费。

对于第二种情况，如果申请人同意审查意见，也认为无法通过修改申请文件克服通知书中指出的缺陷，应当说服委托人不再进行答复，当超过规定的答复期限后申请将被视为撤回；而申请人针对审查意见通知书答复同意审查意见后，审查员需要花费一定的时间精力撰写驳回决定并经相关质量保障手段确认无误后才能正式结案，同样也浪费了审查资源。

由此可见，只有从业人员都做到勤勉敬业地开展工作，为委托人提供及时、准确的优质代理服务，委托人和社会才能深刻认识到专利代理行业的重要性；只有专利代理行业的重要性为委托人和社会认可时，才能体现出专利代理行业的社会价值，从而加深从业人员的职业自豪感并推动专利代理行业的良性发展。

3. 精于业务

各行各业都有其解决行业内问题的经验和知识，无论从事什么工作，从业人员都应当不断加强学习，提升自身任职岗位所需的综合能力。如前文所述，专利代理行业的业务能力包括理论知识和实务操作技能。

（1）理论知识①。

1）法律知识。

前文已经提到，专利代理行业是由于申请人或发明人对《专利法》不够了解，无法准确处理专利事务而诞生的一个行业。因此，专利代理从业人员首先应当具备过硬的法律知识，熟知我国《专利法》《专利法实施细则》《专利审查指南》以及国家知识产权局针对专利申请和审查发布的各种公告和通知，同时还要对其他有关的法律（例如涉及诉讼的相关法律）有所了解，必要时还应该关注其他国家涉及专利的相关法律。只有掌握了这些法律，才能够准确、及时地为委托人提供法律事务的代理服务，为委托人争取合法利益的最大化。

2）自然科学知识。

除法律知识外，专利代理从业人员还应当具备过硬的自然科学知识。专利代理从业人员的工作在于将委托人提供的技术交底资料转化为符合《专利法》要求的专利申请文件，并在审查过程中根据审查意见对申请文件进行修改和答复。因此，专利代理从业人员除须熟知专利制度的相关规定外，也需要掌握案件所处领域的技术知识，只有这样才能准确地将技术交底资料转化为专利申请文件以及就审查意见进行针对性答复。

3）终身学习，不断提升理论知识。

应当注意的是，随着社会、经济以及科学技术的不断发展，专利代理业务涉及的各项法律法规以及自然科学知识都在不断地更新和完善。为了更好地适应社会、专利制度以及自然科学技术的发展，专利代理从业人员应当保持主动学习的良好习惯，不断更新个人的知识储备，从而更好地胜任专利代理师的岗位职责。

---

① 马浩. 专利代理职业道德［M］. 北京：知识产权出版社，2013：98－100.

（2）实务操作技能。

作为专利代理从业人员，除要具备过硬的法律和自然科学知识外，还应当具备从事专利代理行业所必需的业务实操技能，才能更好地为委托人提供专利代理服务。这里提及的业务操作技能主要包括以下几类①。

1）良好的口头沟通能力。

与人沟通贯穿整个专利申请事务环节，专利代理从业人员应当具备良好的口头沟通能力。

在专利申请过程中，专利代理从业人员要与委托人进行充分沟通以明确技术主要贡献点和其他技术细节，从而撰写出符合委托人需求的高质量申请文件。

在专利审查过程中，专利代理从业人员要与审查员保持必要沟通，明确审查员对专利申请的结案方向的判断和审查员认同的修改方式，从而确保后续处理能促使专利审查朝有利于委托人的方向进行。此外，在专利审查过程中还包括与审查员会晤、复审或无效阶段的口头审理等类型的程序，在这些程序中更需要专利代理从业人员能够清晰、准确、有逻辑地表达委托人观点，从而说服审查员，为委托人争取合法权益。

2）出色的文字能力。

专利申请过程中，需要提交大量的文字材料，包括申请文件、答复审查意见等。因此，作为专利代理从业人员，应当具备出色的文字能力，确保经手的材料符合法律文件在形式上的基本要求，且在实质内容上观点鲜明、重点突出、事实认定准确、法律适用恰当并且逻辑严密。此外，作为涉外专利代理从业人员，还应当具备相当水平的外语读写能力。

3）过硬的文献检索能力。

在为委托人提供专利代理服务前，专利代理从业人员应当充分检索了解现有技术的状况。一方面根据检索结果判断申请的授权前景；另一方面基于检索结果调整申请文件的撰写思路，确保撰写的文件突出体现相对现有技术的改进点。

因此，专利代理从业人员要具备过硬的检索专利文献和非专利文献的

---

① 马浩. 专利代理职业道德 [M]. 北京：知识产权出版社，2013：100 – 102.

能力，只有检索的结果足够充分和准确，专利代理从业人员才能更为准确地为委托人制定后续的申请策略。

4）其他实务操作技能。

除上面提到的三种实务技能外，专利代理从业人员还应当具备在专利诉讼程序中进行论辩的能力以及提供涉及专利服务的包括专利权保护、专利权许可等方面服务的能力，在此不再一一展开说明。

总体上，专利代理师岗位是一个需要从业人员终身学习的岗位，从业人员应当积极参加各类培训，加强主动学习，从理论知识和专业技能两方面不断提高业务能力，从而为委托人提供更为优质的服务，实现个人的社会价值。

4. 其他专利代理从业人员应当具备的职业道德

除了上面详细说明的职业道德种类外，遵纪守法、诚实守信、尊重同行等都属于专利代理从业人员应当具备的职业道德，同时专利代理从业人员也要注意个人的举止礼仪①。只有具备这些职业素质，专利代理从业人员才能向潜在的委托人体现专利代理行业健康、向上的精神面貌，赢得信任，既可以增大争取到客户的可能，也可以有效保障各项专利代理业务的顺利开展。

第二节 专利代理与专利质量提升工程

2008 年，国务院印发《国家知识产权战略纲要》，以全面提升我国知识产权创造、运用、保护和管理能力，从而推动创新型国家的建设。通过实施《国家知识产权战略纲要》，我国的知识产权创造运用水平大幅提高，保护状况明显改善，全社会知识产权意识普遍增强，知识产权工作取得长足进步，对经济社会发展发挥了重要作用。但是，在实施的过程中，由于部分人员存在对相关政策理解不到位的问题，导致部分政策未能得到准确

---

① 马浩. 专利代理职业道德 [M]. 北京：知识产权出版社，2013：103.

地执行①，出现过于追求专利申请数量而忽略专利申请质量的趋势。

为扭转这一趋势，2015 年 12 月 22 日，国务院发布《国务院关于新形势下加快知识产权强国建设的若干意见》，明确指出要实施专利质量提升工程，培育核心专利。在此基础上，国务院于 2017 年发布《"十三五"国家知识产权保护和运用规划》，明确了提高专利质量效益的总体目标，将提升发明创造和专利申请质量、提升专利审查质量、提升专利代理质量和提升专利运用和保护水平等几个目标作为专利质量提升工程的主要工作目标。

本节主要围绕专利质量提升工程介绍我国专利发展目标，并着重介绍专利质量提升工程中涉及提升专利代理质量的相关内容。

一、我国专利现状及发展目标

1984 年我国正式颁布《专利法》以来，经过 30 多年的努力，知识产权的价值逐渐被社会公众认识，越来越多的创新主体认识到通过专利制度保护自己的合法权益的重要性。其中，最直观的表现就是专利申请的受理量的变化趋势。我国发明专利申请的受理量从 1985 年的 8 558 件②发展到 2019 年的 140.1 万件，每万人口发明专利拥有量达到 13.3 件，提前完成国家"十三五"规划确定的目标任务③；同时，我国专利申请数量已经连续几年保持全球第一④。可以说，我国已是世界上举足轻重的知识产权大国，已成为推动全球知识产权事业发展的重要力量。

但是，通过国家知识产权局近几年的统计数据分析发现，虽然我国的专利申请量已经稳居世界第一，但是专利申请的整体质量不高，缺少高质量的核心专利，这导致我国企业在国际市场上缺少竞争力。更有甚者，部分人员为获得地方政府鼓励创新主体发明创造的补贴，通过大量重复提交相同或相近内容的专利申请、抄袭他人专利申请、编造专利申请等手段提

① 本节主要介绍知识产权类型中专利的相关状况。
② 卢志英. 1985—1988 年专利申请统计综述 [J]. 工业产权，1989：32 – 35.
③ 张均斌. 2019 年我国发明专利申请量为 140.1 万件 [N]. 中国青年报，2020 – 01 – 15.
④ 杨超. 专利代理模式在专利质量提升中的作用 [J]. 专利代理，2017（03）：102 – 104.

高个人或单位的申请量，这样的行为严重扰乱了我国专利秩序，损害了中国专利的形象。

因此，虽然当前我国专利事业发展态势总体喜人，但专利质量依然还有较大的提升空间。针对这个问题，我们首先应当转变观念，纠正在专利事业发展过程中产生的重数量轻质量的错误认识，强化对专利质量的评价，促进专利全链条各环节的质量提升；其次，应当优化新一代信息技术、生物技术、新能源技术、新材料技术、智能制造技术等领域的专利布局，提升国家在新科技革命领域的知识产权的竞争力；再次，加大培养涉及信息技术、生命医药、智能制造等领域的拥有自主知识产权的核心技术；最后，应当重视对知识产权的宣传力度，树立人人重视知识产权、保护和运用知识产权的良好社会氛围。从这几个角度发力，将有利于我国扭转当前专利事业发展中面临的不利形势，从而促进专利质量提升工程中提到的培育核心专利、提高专利质量效益这一总体目标的早日实现。

二、专利质量提升工程简介

前文提到的《国务院关于新形势下加快知识产权强国建设的若干意见》《"十三五"国家知识产权保护和运用规划》等政策的发布体现了党中央、国务院全面提升我国知识产权水平并推动我国知识产权强国建设的决心。在以上述政策为基础的前提下，为深入落实专利质量提升工程，国家知识产权局结合部门职能，制定了《专利质量提升工程实施方案》并按年度制定实施方案的分解推进计划，有序推进专利质量提升工程的落实。本小节向读者介绍专利质量提升工程实施方案，并着重介绍其中涉及专利代理质量提升的相关内容和开展的具体工作。

1. 专利质量提升工程实施方案

为切实落实《国务院关于新形势下加快知识产权强国建设的若干意见》中"实施专利质量提升工程，培育一批核心专利"的重要任务，多策并举、科学谋划各个环节的专利质量提升工作，推动知识产权由多向优、由大到强的转变，国家知识产权局于2016年发布了《专利质量提升工程实施方案》。

该方案强调要以"高水平创造、高质量申请、高效率审查、高效益运用"为目标，全力做好核心专利培育，努力消除不以保护创新成果为根本、不以提升市场竞争力为目的的低质量专利申请，严格依法行政，强化政府服务，全面促进专利创造、申请、代理、审查、运用和保护全链条各环节的质量提升，加快实现专利创造由多向优、由大到强的转变。

其要实现的主要目标包括：发明创造与专利申请质量明显提升、专利代理质量全面提高、专利审查质量持续提升、以严格保护与高效运用促进专利质量提升的效果显著提高。涉及专利的创造、申请、代理、审查、运用和保护的全链条。

为实现主要目标，该方案进一步将专利质量提升工程细分为发明创造与专利申请质量提升工程、专利代理质量提升工程、专利审查质量提升工程和严格保护和高效运用促进专利质量提升工程共四大重点工程，并从完善法律法规及相关政策、营造质量导向的舆论环境建立专利质量指标体系、加强审查流程保障、加强信息化保障、加强专利信息公共服务建设、加强文献资源保障、加强审查领域国际合作、提高资金保障水平等方面着手为实施专利质量提升工程保障基础支撑。

为确保专利质量提升工程的有序开展，国家知识产权局还在《专利质量提升工程实施方案》的基础上逐年制定了推进计划。截至 2019 年，专利质量提升工程实施方案中各项细分工作均按计划有序推进。

2. 专利代理质量提升工程

《专利质量提升工程实施方案》中，专利代理质量提升工程主要包括改革专利代理行业监管模式、加强专利代理行业自律和诚信体系建设、建立专利代理质量评价和保障体系、加强专利代理行业服务规范化建设和增强专利代理人业务能力等几部分内容。

（1）改革专利代理行业监管模式。

主要工作方向在于进一步完善行政监管和行业自律相结合的管理体制，创新监管方式，强化监管力度，加大对违法违规行为的惩处力度；探索建立与工商、公安、税务等部门的信息共享、协同响应和执法联动机制；鼓励社会公众参与市场监管，发挥媒体监督作用等。

（2）加强专利代理行业自律和诚信体系建设。

主要工作方向在于加强行业自律，强化职业道德和执业规范，引导行业有序竞争，积极倡导建立以诚信经营、优质服务为核心的行业文化理念；健全专利代理诚信信息采集管理、信用评价等制度；完善专利代理执业信息披露制度等。

（3）建立专利代理质量评价和保障体系。

主要工作方向在于完善多方共同参与的质量评价机制，建立专利代理质量投诉平台，建立围绕专利代理质量的反馈、评价、约谈、惩戒机制；加强对专利代理质量的监测，针对实施违规行为的专利代理机构开展专项行动予以重点整治。

（4）加强专利代理行业服务规范化建设。

主要工作方向在于制定实施专利代理服务规范国家标准，规范服务流程；探索建立专利代理人专业胜任能力评价体系等。

（5）增强专利代理从业者业务能力。

主要工作方向在于加强专利申请撰写能力建设，建立常态化专利代理从业者的执业技能培训、考核和评价制度；完善专利代理机构与专利审查部门之间的研讨机制，加强专利审查与专利代理之间的业务交流等。

3. 专利代理质量提升工程工作进展

为落实专利代理质量提升工程，国家知识产权局开展了一系列工作，本节简要介绍国家知识产权局开展的部分相关工作①。

（1）完善法律法规，保障贯彻落实。

为适应"放管服"改革要求，优化营商环境，激发市场活力和社会创造力，修订《专利代理条例》《专利代理管理办法》等法规和部门规章，加强对新修订法规和部门规章的解读和培训工作，确保各项法律法规得以贯彻落实。

（2）强化监管力度。

印发《关于加强专利代理监管的工作方案》，落实国务院"互联网＋

---

① 国家知识产权局. 涨姿势! 2019 知识产权服务业有这些大事件［OL］.（2020 - 01 - 09）. https：// mp. weixin. qq. com/s/qzHH5sjXh - HtLNTA2 - FAEw.

监管"以及国家市场监督管理总局"双随机、一公开"监管的相关要求，全面加强专利代理监管工作。国家知识产权局专利代理管理系统上线举报投诉模块，支持注册用户对专利代理违法违规行为在线举报和投诉，这对于提升举报投诉处理效率、加强专利代理行业监管具有重要意义。国家知识产权局公布省级知识产权局举报投诉电话，指导省级行业组织公布行业自律举报投诉方式；各省级知识产权局组织专利代理机构针对是否存在"证照不一"、违规经营等内容开展全面自查整改。

（3）开展"蓝天"专项整治工作。

针对严重影响我国专利代理行业形象的"黑代理"、"挂证"、代理非正常专利申请、以不正当手段招揽业务等违法违规的代理行为，国家知识产权局于 2019 年初启动了为期两年的专利代理行业"蓝天"专项整治行动①。

开展"蓝天"专项整治工作以来，国家知识产权局不断完善规章制度，制定一系列精细措施以确保政策落地。

在此基础上，国家知识产权局通过针对代理非正常专利申请、泄露发明创造内容、出租代理资质等违法违规行为作出惩戒决定，依法将存在问题的代理机构列入经营异常名录或严重违法失信名单，集中治理传播"挂证"信息的网站，推动"双随机、一公开"检查，集中核查"黑代理"线索，这些举措有效整治了违法违规的代理行为。

通过上述工作，专利代理行业中存在的"挂证""证照不一"等严重影响我国专利代理行业健康发展的现象得到有效解决，非正常专利申请量相对过去明显减少，这些说明"蓝天"专项整治行动初见成效。当然，国家知识产权局在 2019 年所取得的成绩上正继续深入开展"蓝天"专项整治工作，从而推动我国专利代理行业秩序持续好转。

---

① 国家知识产权局. 全力出击，守望知识产权"蓝天"［OL］. （2020 - 01 - 23）. https：//mp. weixin. qq. com/s/WVi22yE309yDEMBoblJfvg.

三、专利代理在知识产权强国建设中的重要作用

根据《国务院关于新形势下加快知识产权强国建设的若干意见》，我国知识产权强国建设的根本目标在于通过不断完善知识产权制度以充分发挥知识产权制度激励创新的作用，进而深入落实我国创新驱动发展战略。

要实现上述目标，除知识产权制度要与我国国情相适应外，社会公众是否认可知识产权制度的价值也直接影响到我国知识产权强国建设的进程。而要让社会公众认可知识产权制度的价值，最有效的途径就是通过知识产权制度使得创新主体的合法利益得到有效保障。要确保创新主体的合法权益得到有效保障，首先要保证受到保护的权利稳定、范围清晰，其次则应当建立完善的知识产权保护体系并切实保障权利人的利益。

对于专利权而言，权利本身的质量直接关系到权利人能否合理行使其权利。为保障专利权的质量，一方面需要国家知识产权局不断提高审查能力进而推动审查质量的持续提升，另一方面也需要专利申请本身（包括技术创新本身和申请文件两方面内容）具有较高的质量。因此，在专利申请从开始撰写到最终获得专利权的过程中，专利代理师作为受委托人委托、协助其开展专利申请相关工作的中间环节，一头连着创新主体，一头连着审查工作，其工作质量将直接决定创新成果是否能够有效转化为专利权并保障专利制度有效运行。此外，国家要不断完善知识产权保护体系，需要广泛听取社会公众的意见，而专利代理行业作为熟知我国乃至全球专利制度的行业，其针对知识产权保护体系的相关意见和建议相对于其他行业人员提出的意见和建议对国家知识产权局而言更有参考价值。

因此，专利代理从业人员在我国建设知识产权强国的进程中扮演着极为重要的角色。作为专利代理从业人员，一方面，要不断提升个人的业务能力水平和职业素养，保障代理工作质量，为国家做好专利权保护工作奠定基础；另一方面，欢迎专利代理从业人员就我国专利制度乃至知识产权制度提出意见和看法，从而促进国家知识产权制度的不断完善。